KBr Flama'24

Estefania Bedmar
En el patio de mi casa

Fundación **MAPFRE**

EL PATIO DE MI CASA
ESTEFANIA BEDMAR

Frente a la casa de la autora se encuentra el antiguo vertedero de Can Planes, en Cerdanyola del Vallès (Barcelona), un territorio de dieciocho hectáreas, equivalente a la superficie de unos veinte campos de fútbol. Aunque fue oficialmente clausurado en la década de 1970, nunca se llevó a cabo una descontaminación controlada del subsuelo. En su lugar, se cubrió con toneladas de tierra, dejando los residuos tóxicos enterrados.

A lo largo del tiempo, este terreno ha sido objeto de interés tanto para las administraciones públicas y empresas privadas, que desean construir proyectos urbanísticos para expandir la ciudad, como para las organizaciones vecinales, que luchan por su declaración como suelo contaminado.

Aunque el vertedero ya no está activo, los tóxicos siguen ahí, ocultos bajo tierra. El entorno en esta periferia de Cerdanyola, que tiene forma de montículo, es aparentemente hostil, con vegetación descontrolada, aridez y tubos que sobresalen del suelo. Sin embargo, para la autora este lugar tiene un significado especial: es donde creció, paseó con el perro, compartió confidencias con amigas y vivió momentos memorables con sus primeros amores.

En este sentido, el proyecto explora la resignificación y apropiación de los espacios públicos como espacios privados y domésticos, y la paradoja de los vínculos emocionales y físicos con el hogar familiar al crecer. La pertenencia o desafección se indaga a través del antiguo vertedero, que sirve como hilo narrativo para desenterrar recuerdos, vivencias y sentimientos relacionados con la madurez, el hogar y la familia.

El trabajo incorpora diversos procedimientos formales y expresivos, como el uso de carretes experimentales y dañados, el velado accidental o la fotografía de archivo, tanto digital como analógica. Estos elementos responden no solo a una necesidad íntima de la autora de explorar la dualidad entre pertenencia y desafección, sino también a su intención de evocar la degradación y la toxicidad del vertedero.

EL PATI DE CASA MEVA
ESTEFANIA BEDMAR

Davant de la casa de l'autora hi ha l'antic abocador de Can Planes, a Cerdanyola del Vallès (Barcelona), un territori de divuit hectàrees, equivalent a la superfície d'uns vint camps de futbol. Encara que es va clausurar oficialment a la dècada del 1970, mai no es va dur a terme cap descontaminació controlada del subsòl. En comptes d'això, es va cobrir amb tones de terra i es van deixar els residus tòxics enterrats.

Al llarg del temps, aquest terreny ha estat objecte d'interès tant per a les administracions públiques i empreses privades, que volen fer-hi projectes urbanístics per expandir la ciutat, com per a les organitzacions veïnals, que lluiten perquè sigui declarat sòl contaminat.

Encara que l'abocador ja no està actiu, els tòxics continuen allà, ocults sota terra. En aquesta perifèria de Cerdanyola, que té forma de monticle, l'entorn és aparentment hostil, amb vegetació descontrolada, aridesa i tubs que sobresurten de terra. Tot i això, per a l'autora aquest lloc té un significat especial: és on va créixer, va passejar amb el gos, va compartir confidències amb amigues i va viure moments memorables amb els seus primers amors.

En aquest sentit, el projecte explora la ressignificació i l'apropiació dels espais públics com a espais privats i domèstics, i la paradoxa dels vincles emocionals i físics amb la llar familiar a mesura que ens fem grans. La pertinença o la desafecció s'indaguen a través de l'antic abocador, que serveix de fil narratiu per desenterrar records, vivències i sentiments relacionats amb la maduresa, la llar i la família.

El treball incorpora diversos procediments formals i expressius, com l'ús de carrets experimentals i malmesos, el velat accidental o la fotografia d'arxiu, tant digital com analògica. Aquests elements no solament responen a una necessitat íntima de l'autora d'explorar la dualitat entre pertinença i desafecció, sinó també a la seva intenció d'evocar la degradació i la toxicitat de l'abocador.

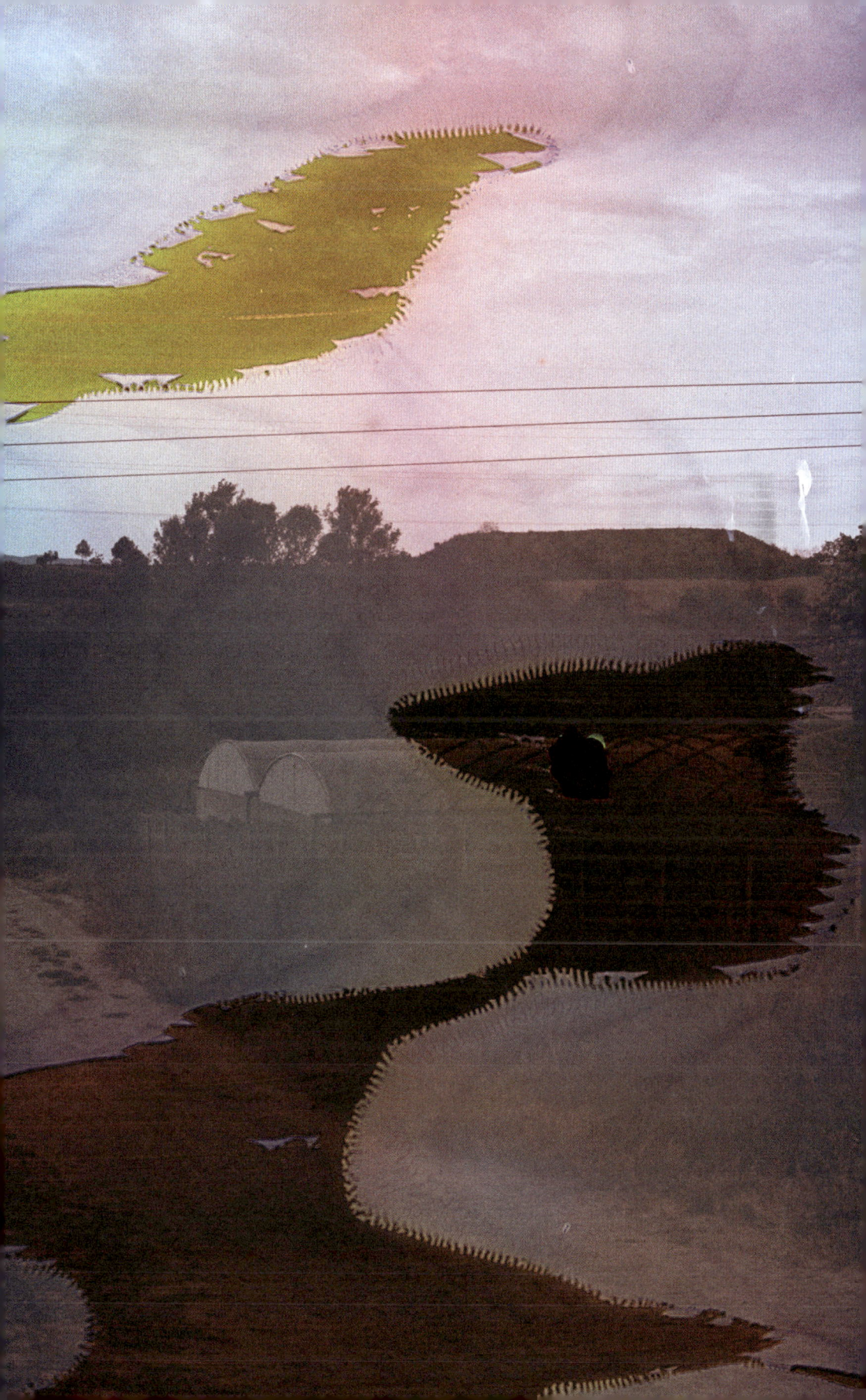

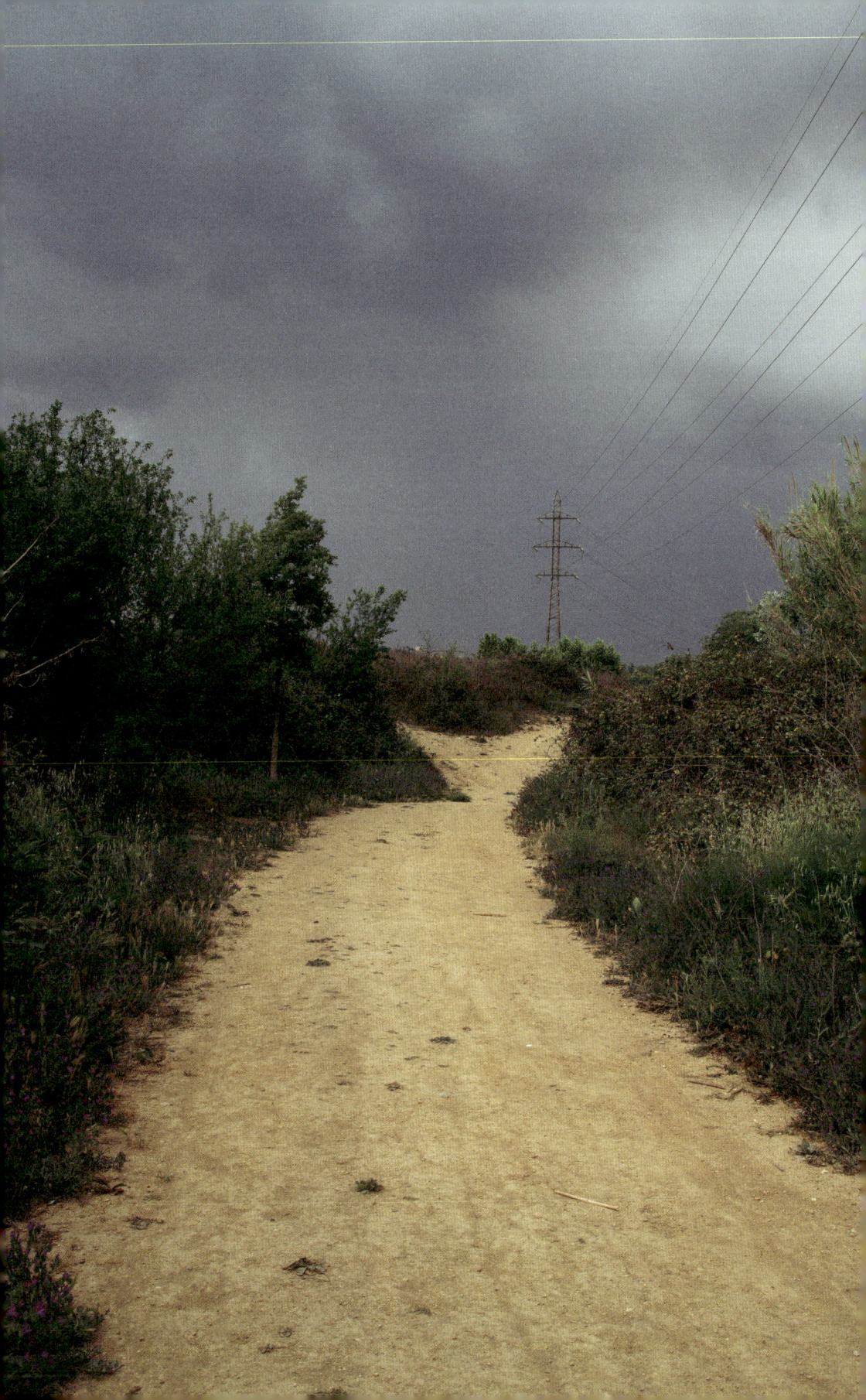

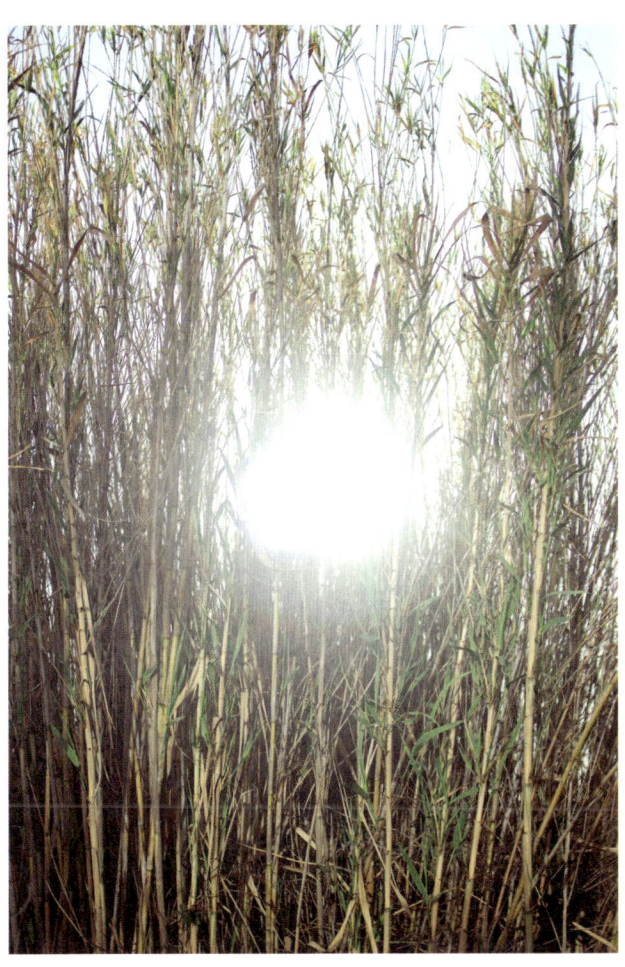

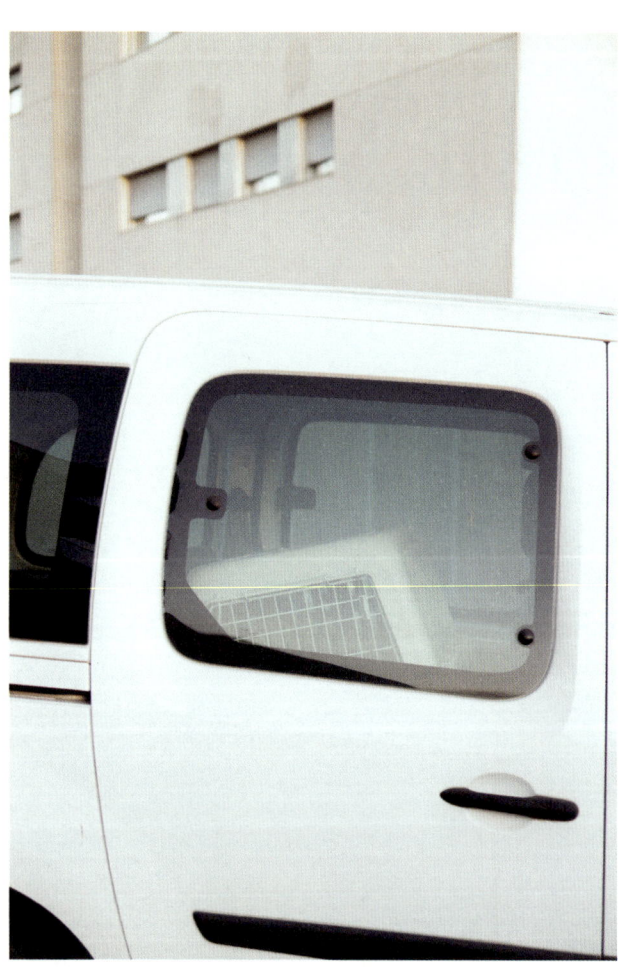

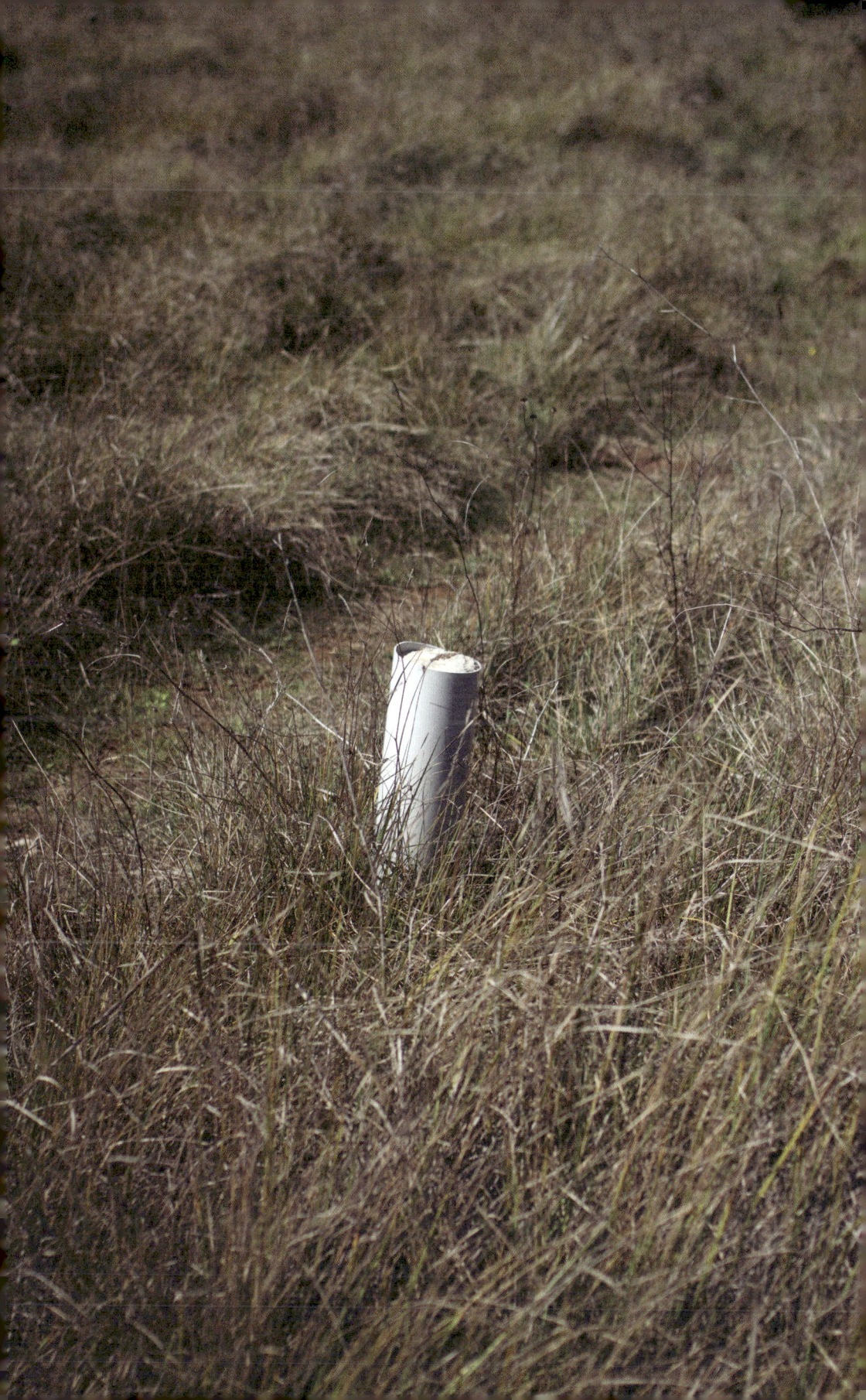

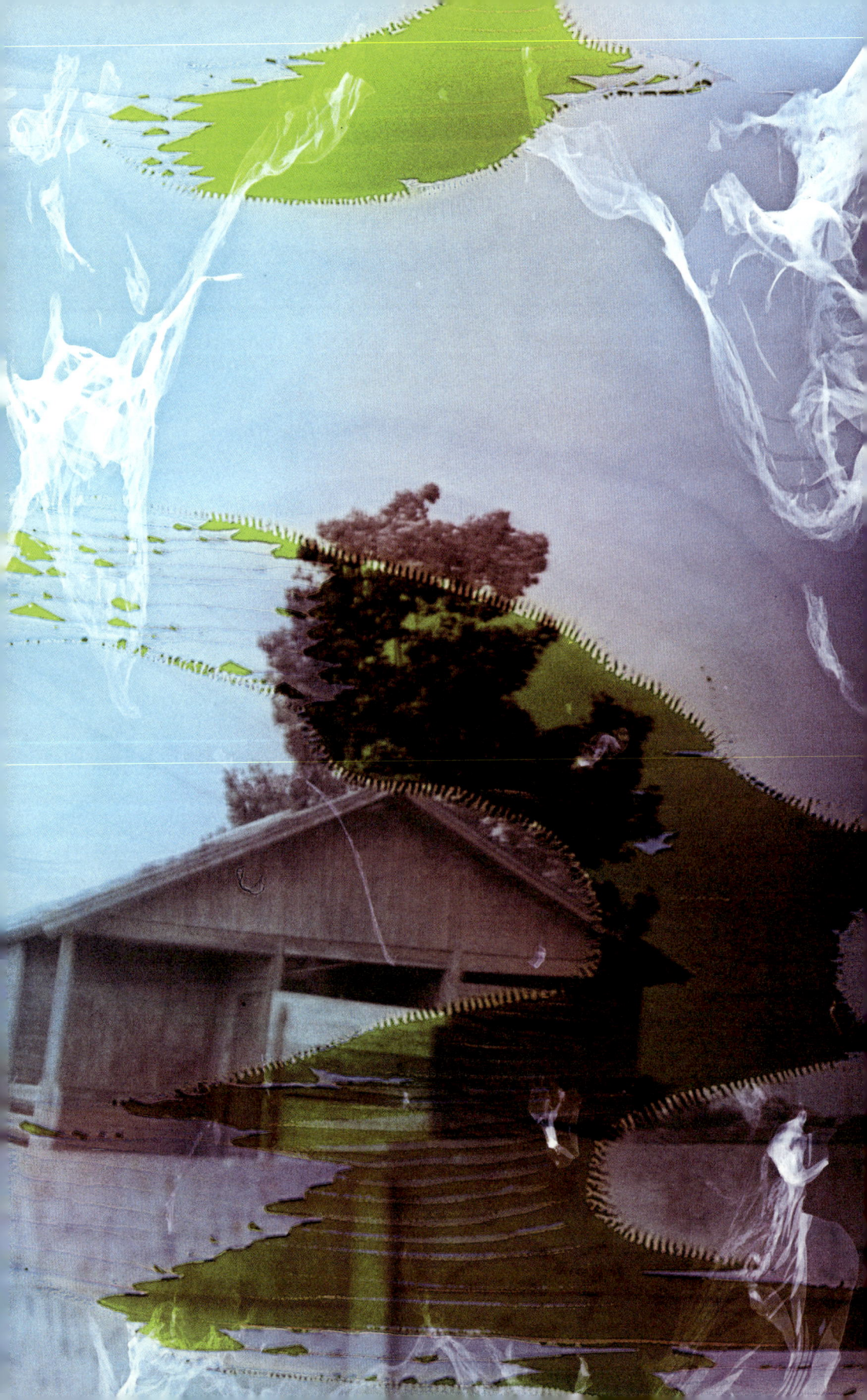

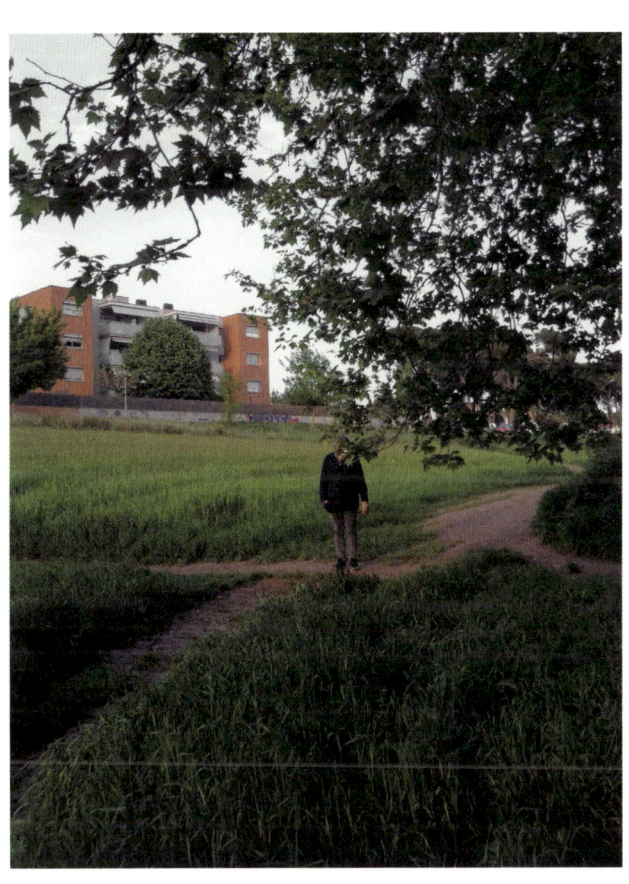

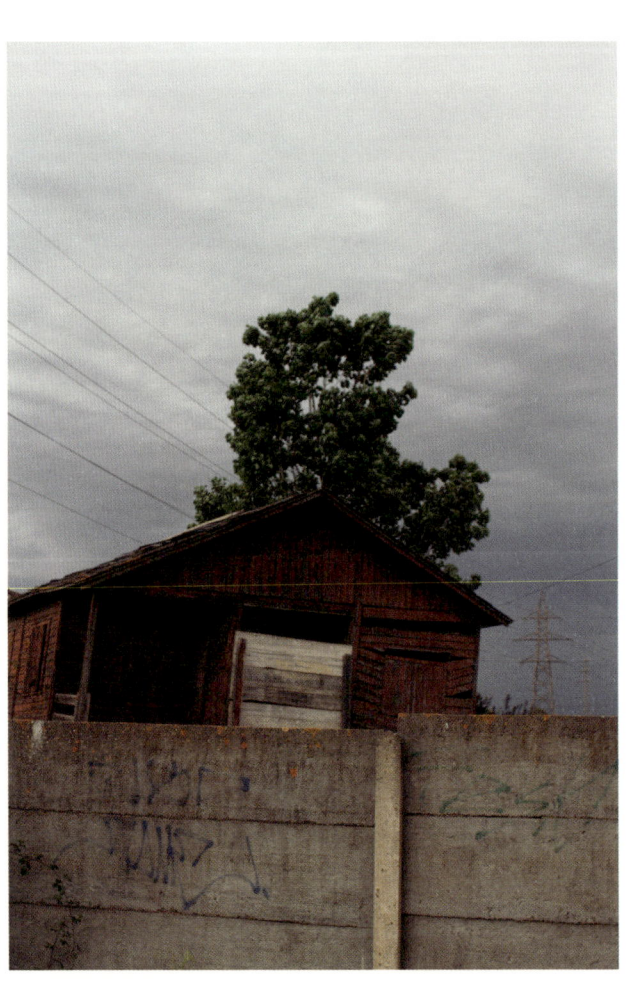

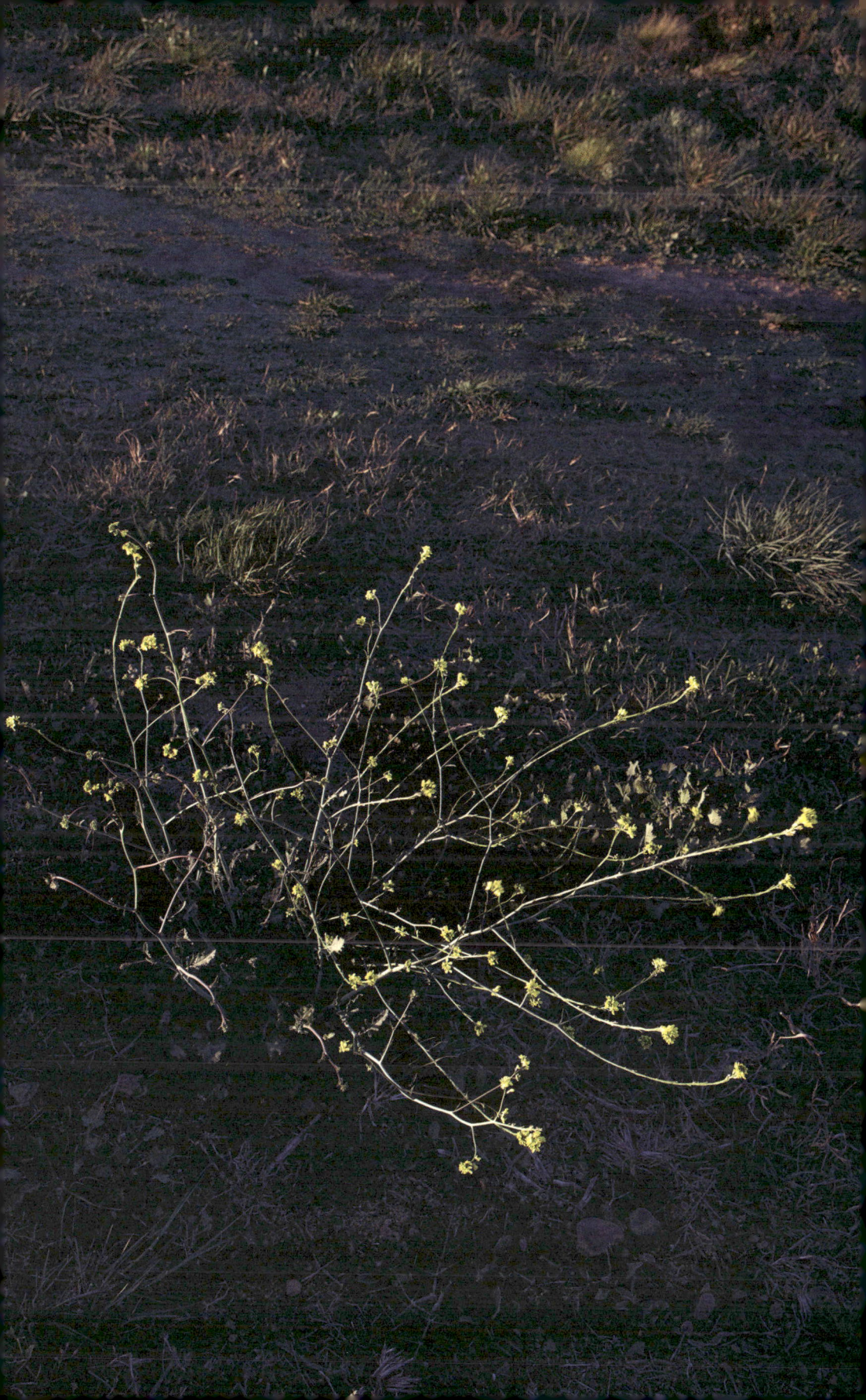

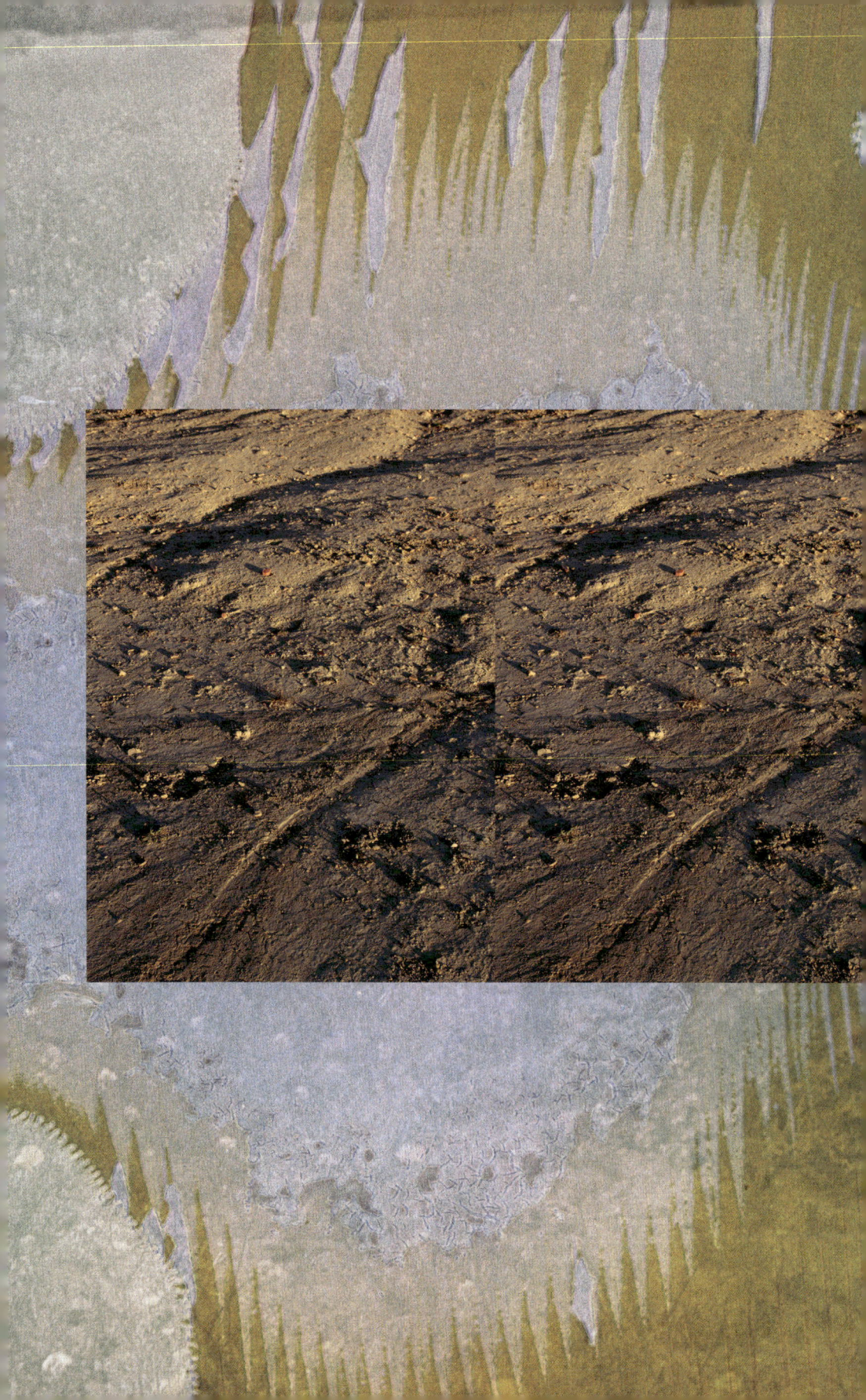

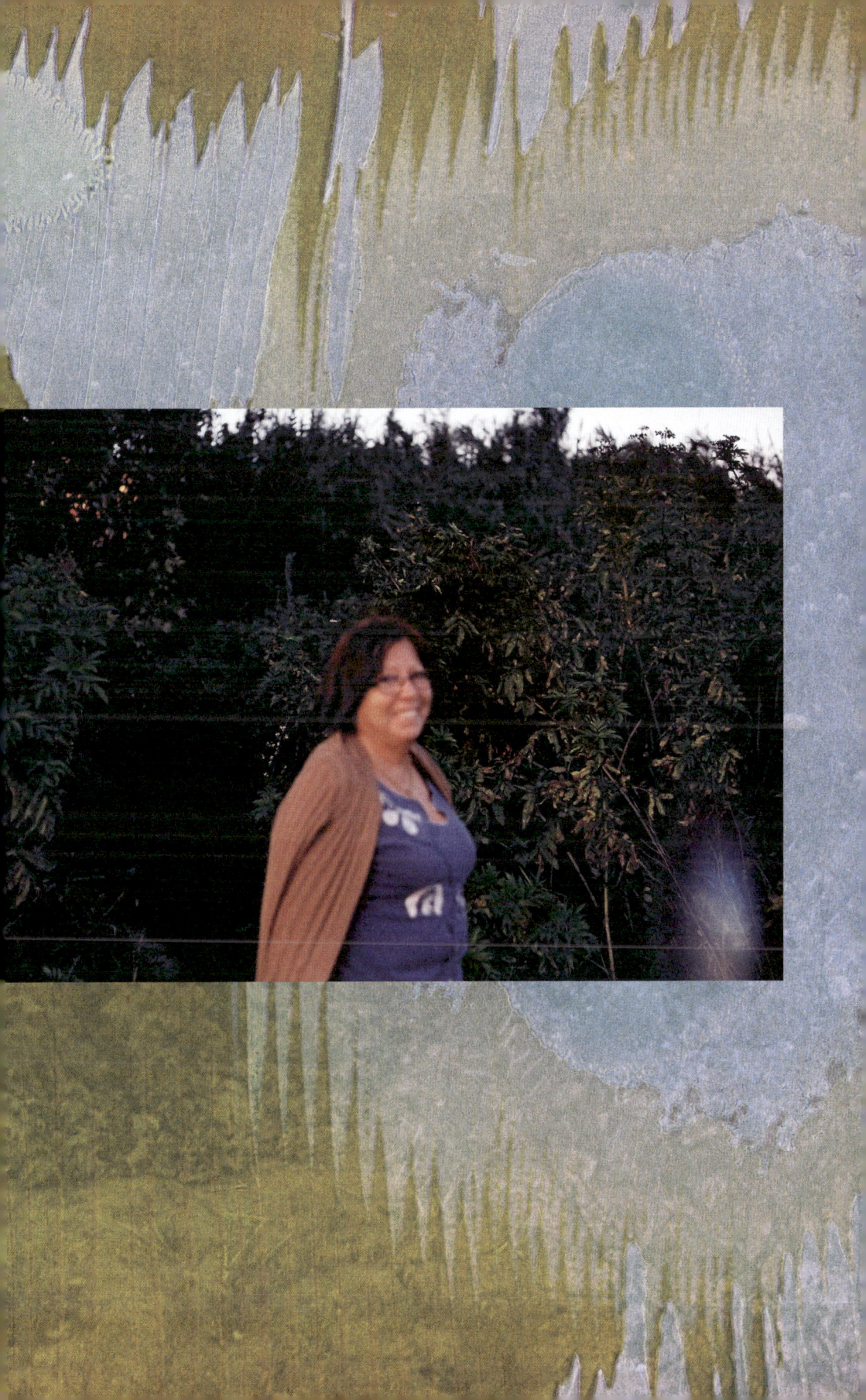

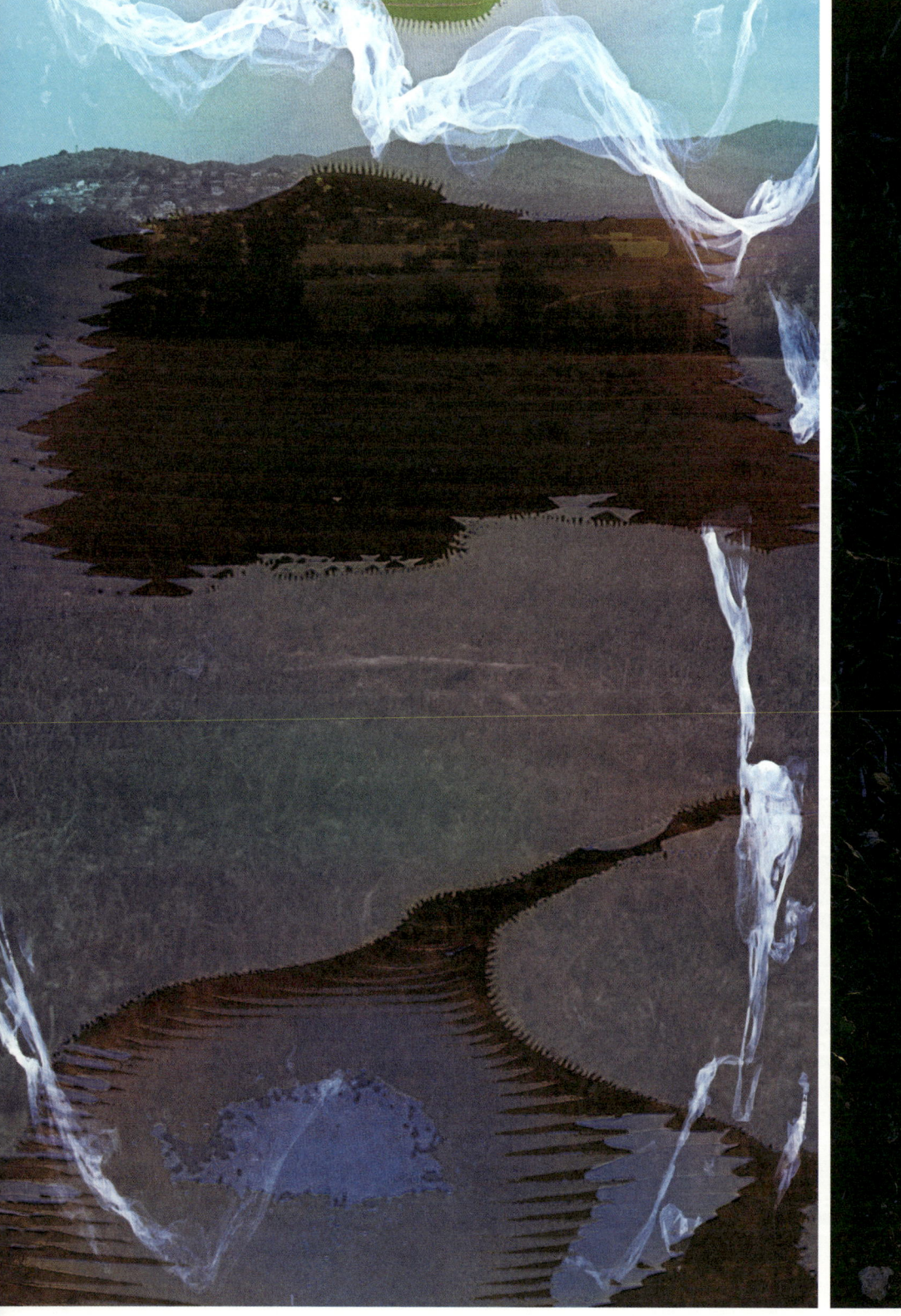

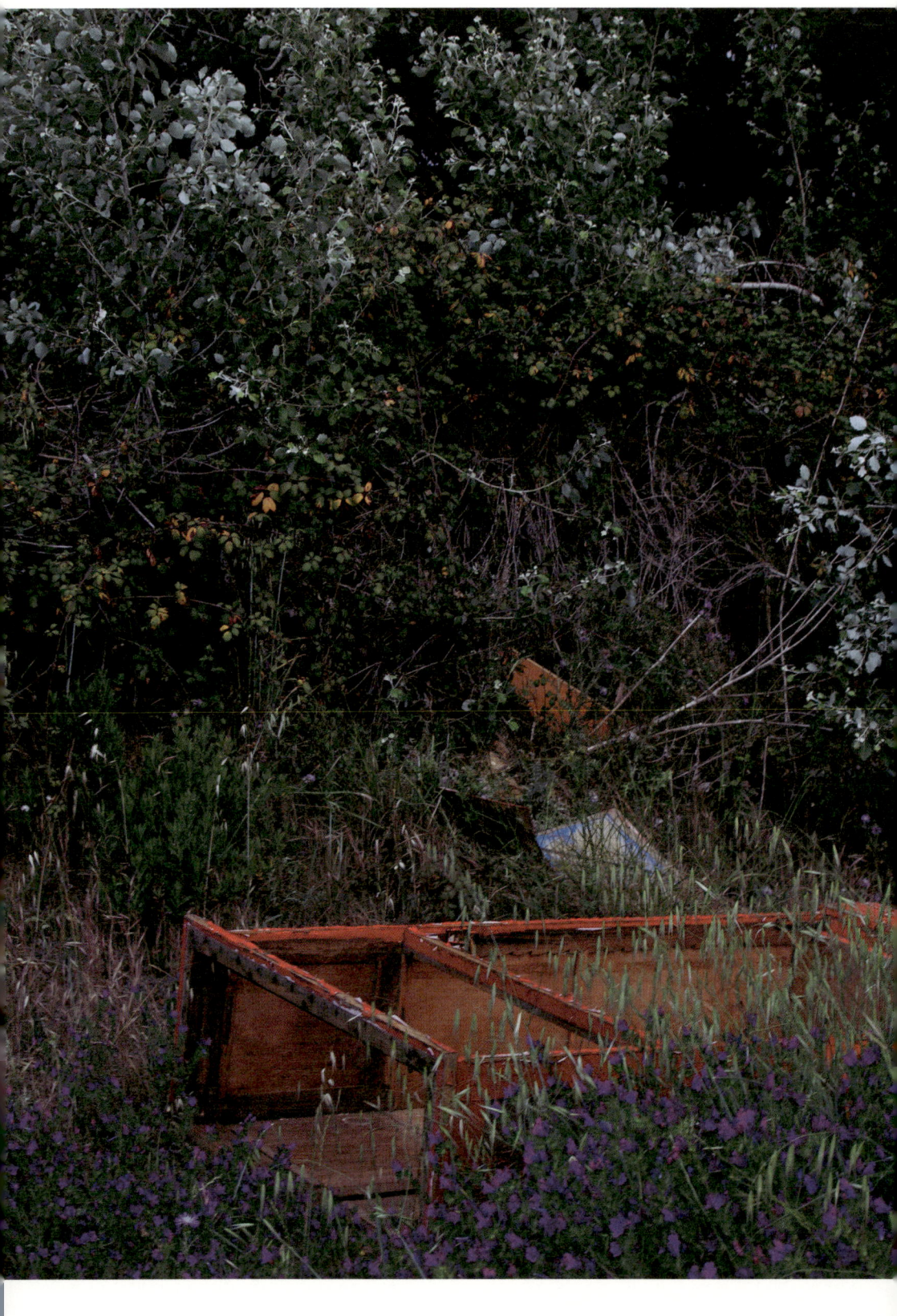

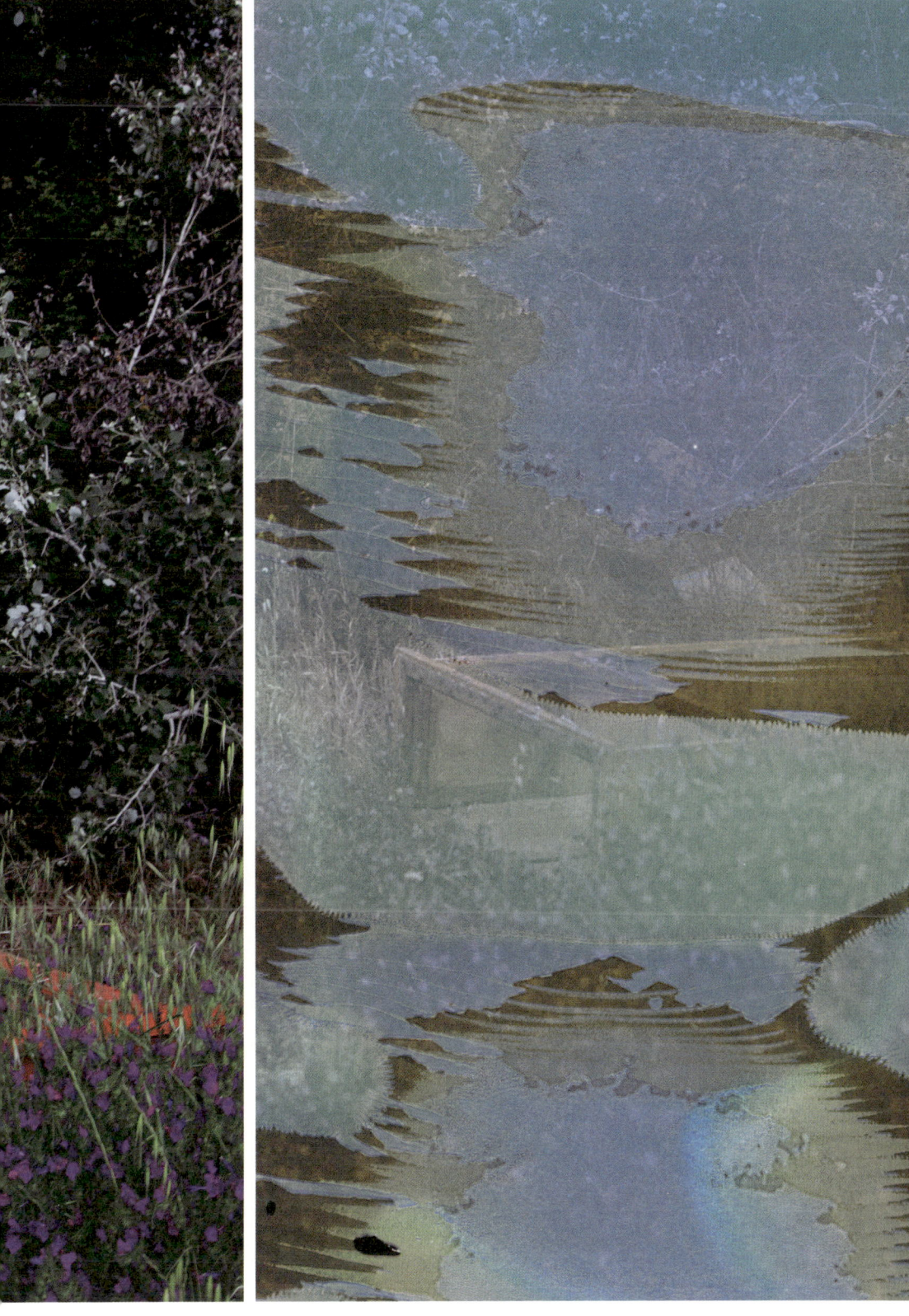

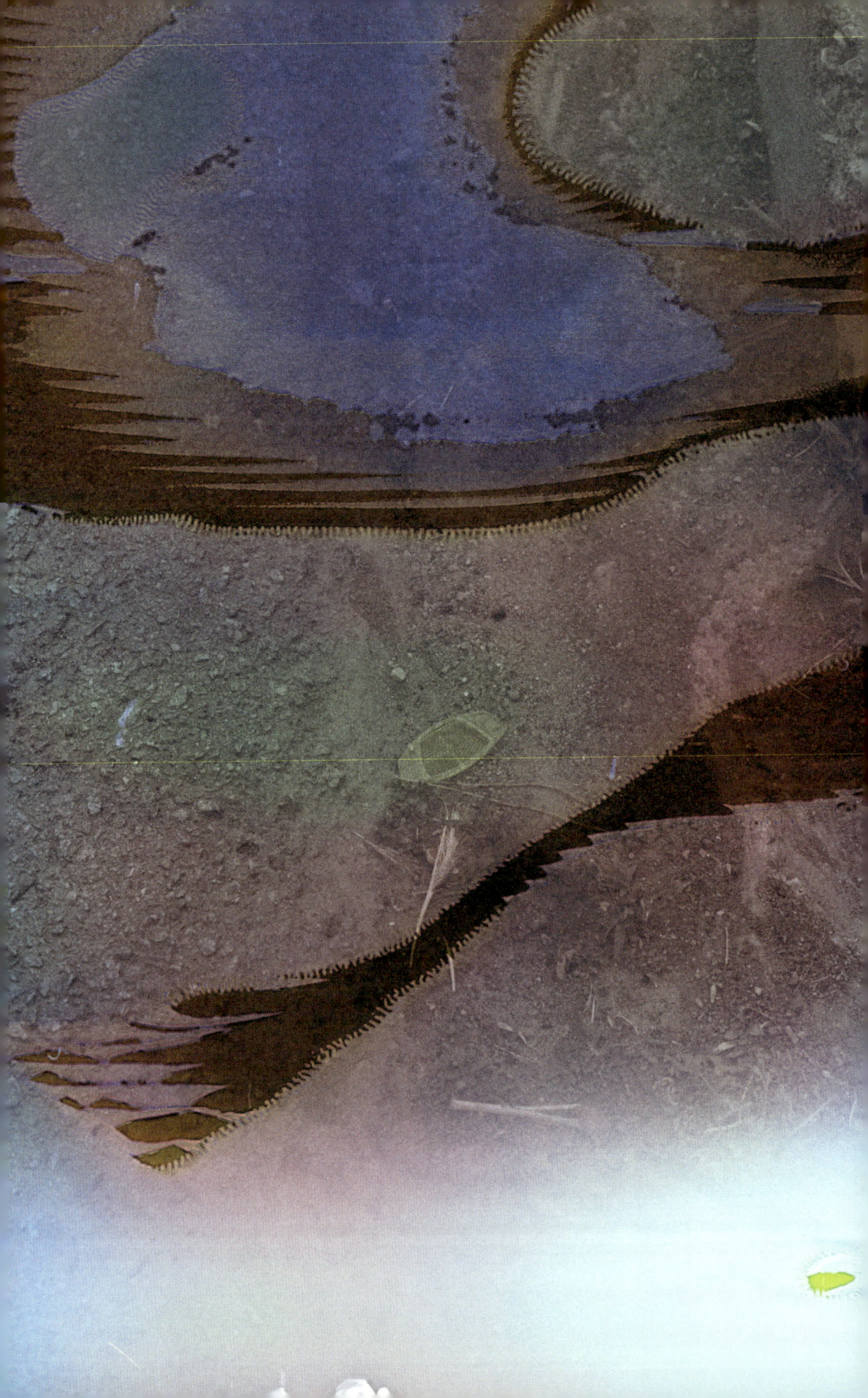

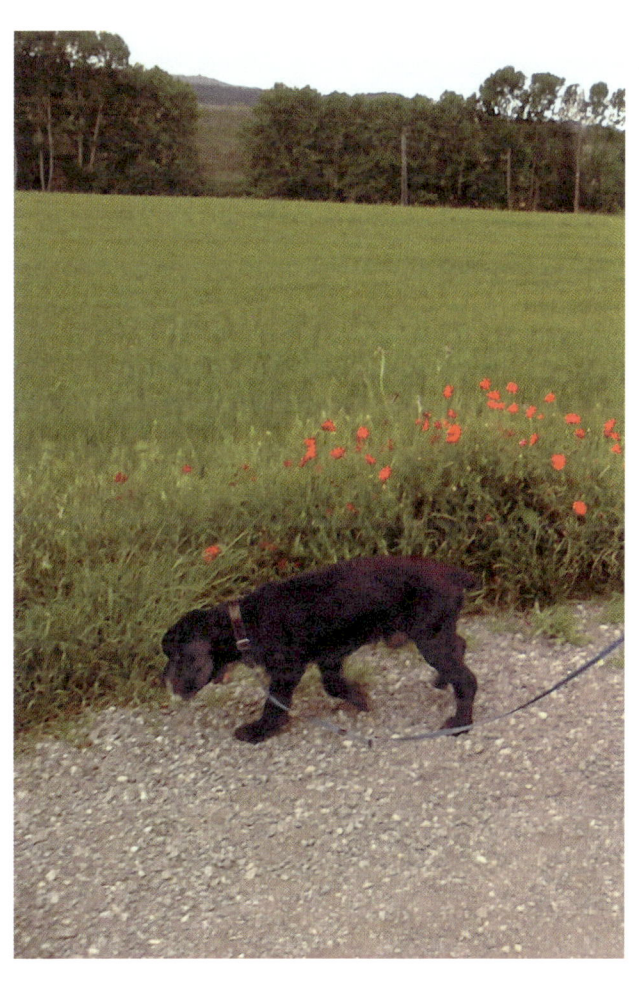

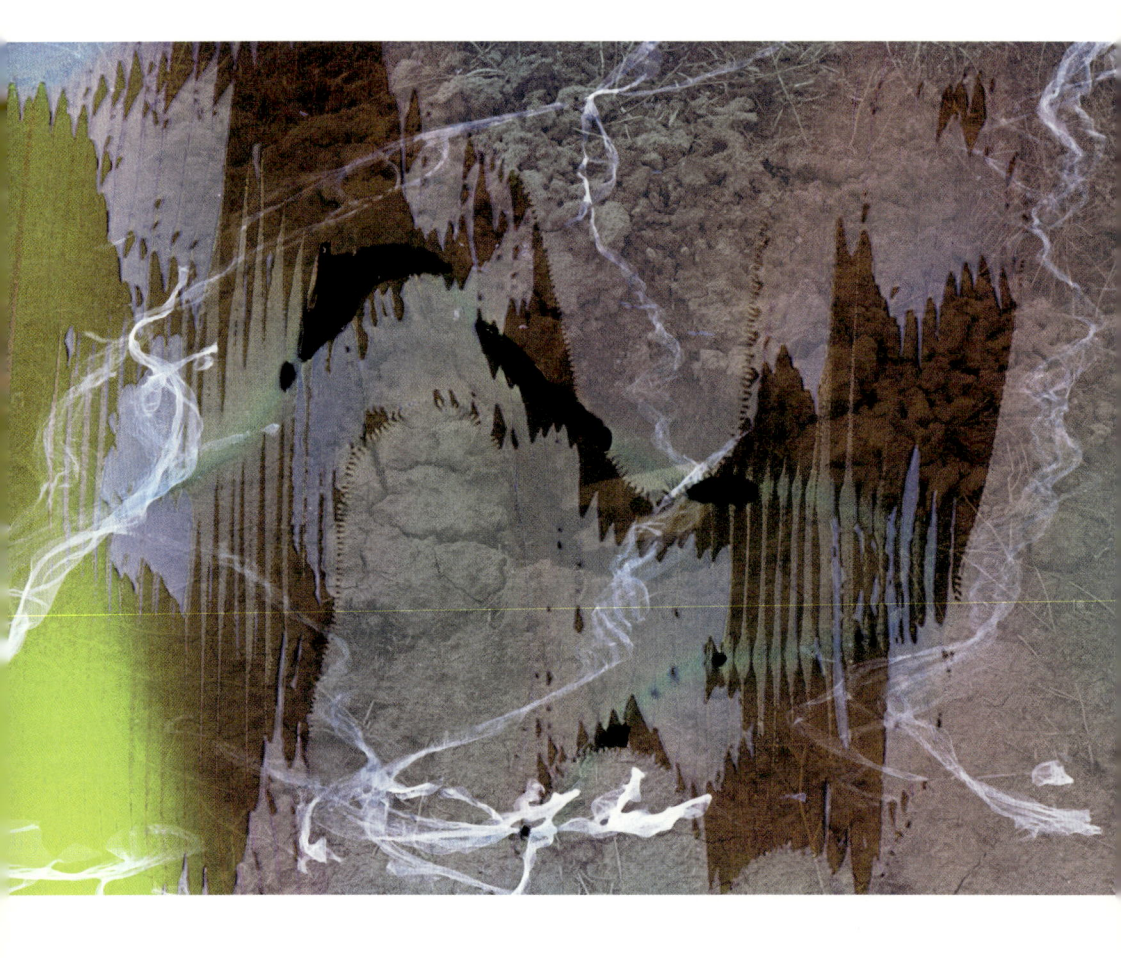

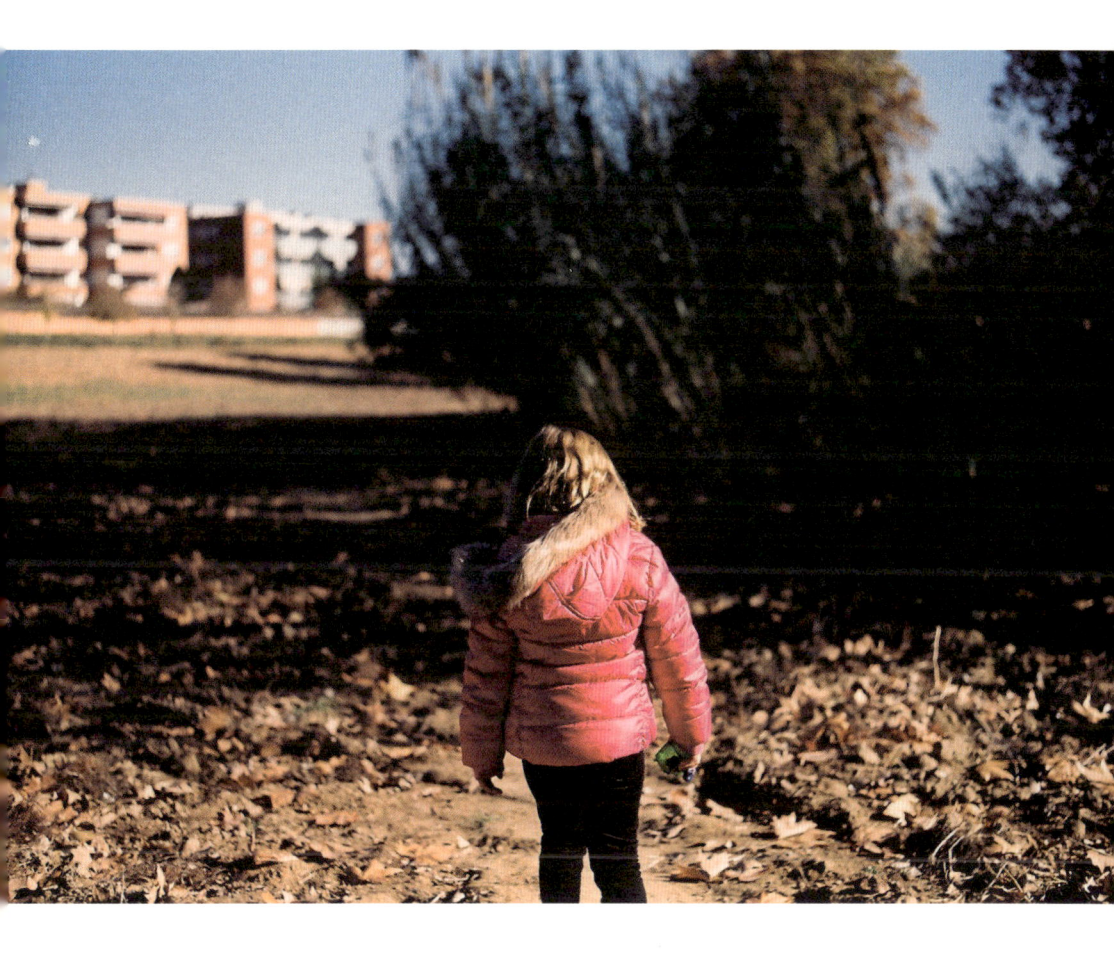

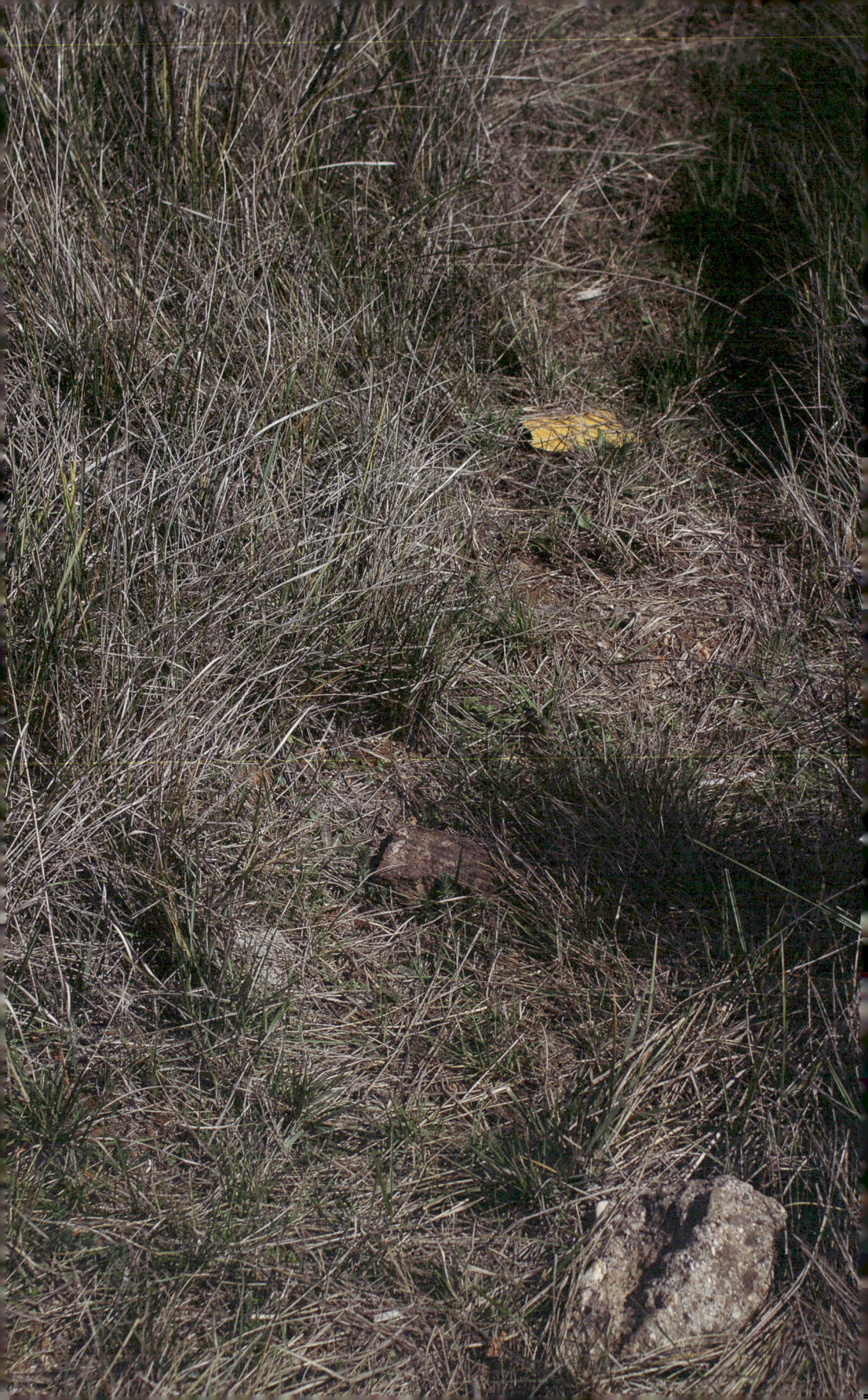

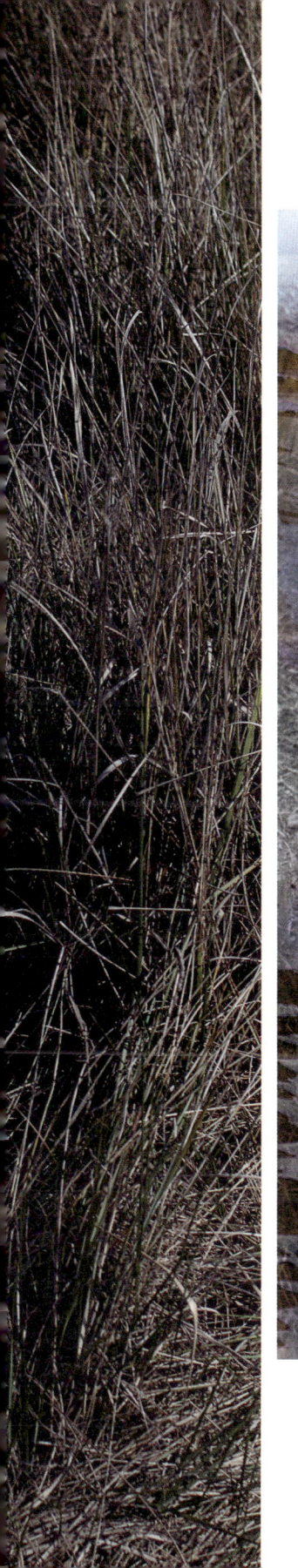

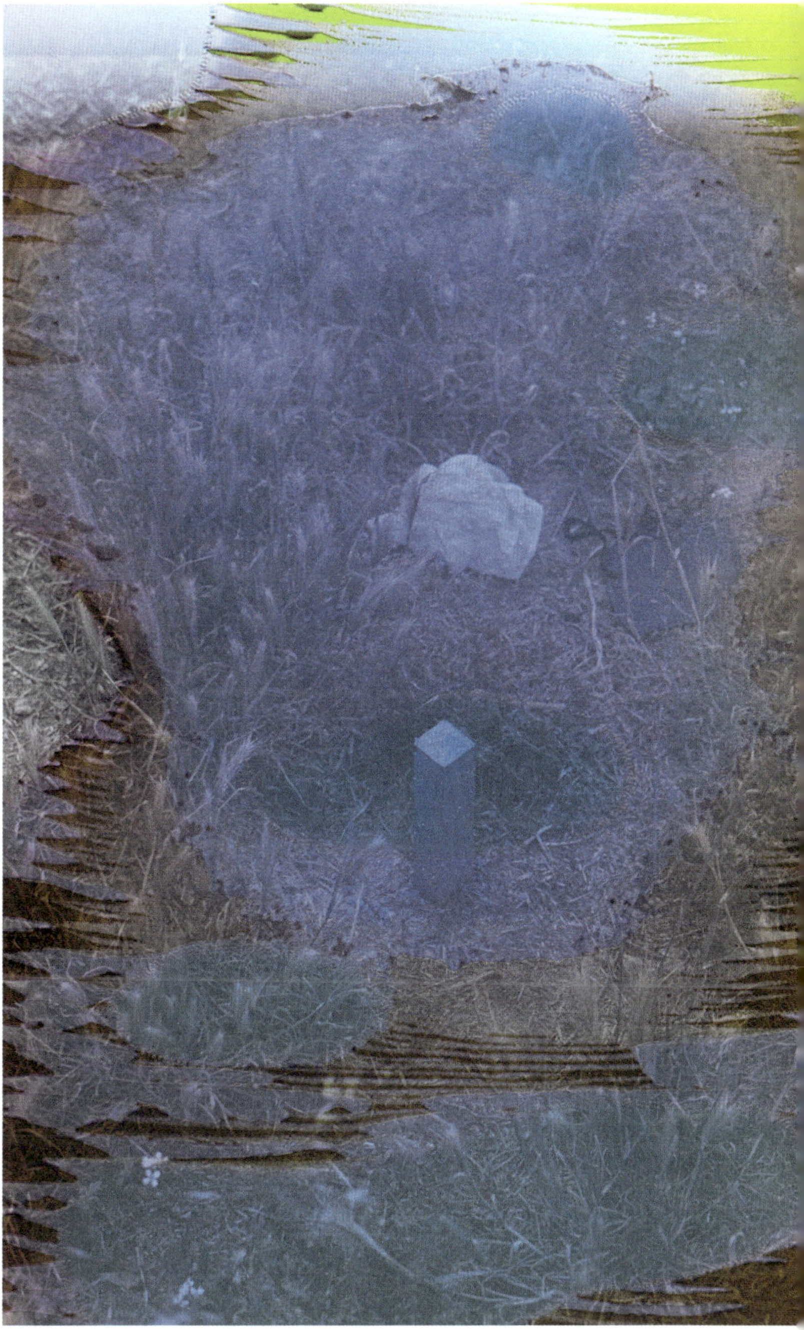

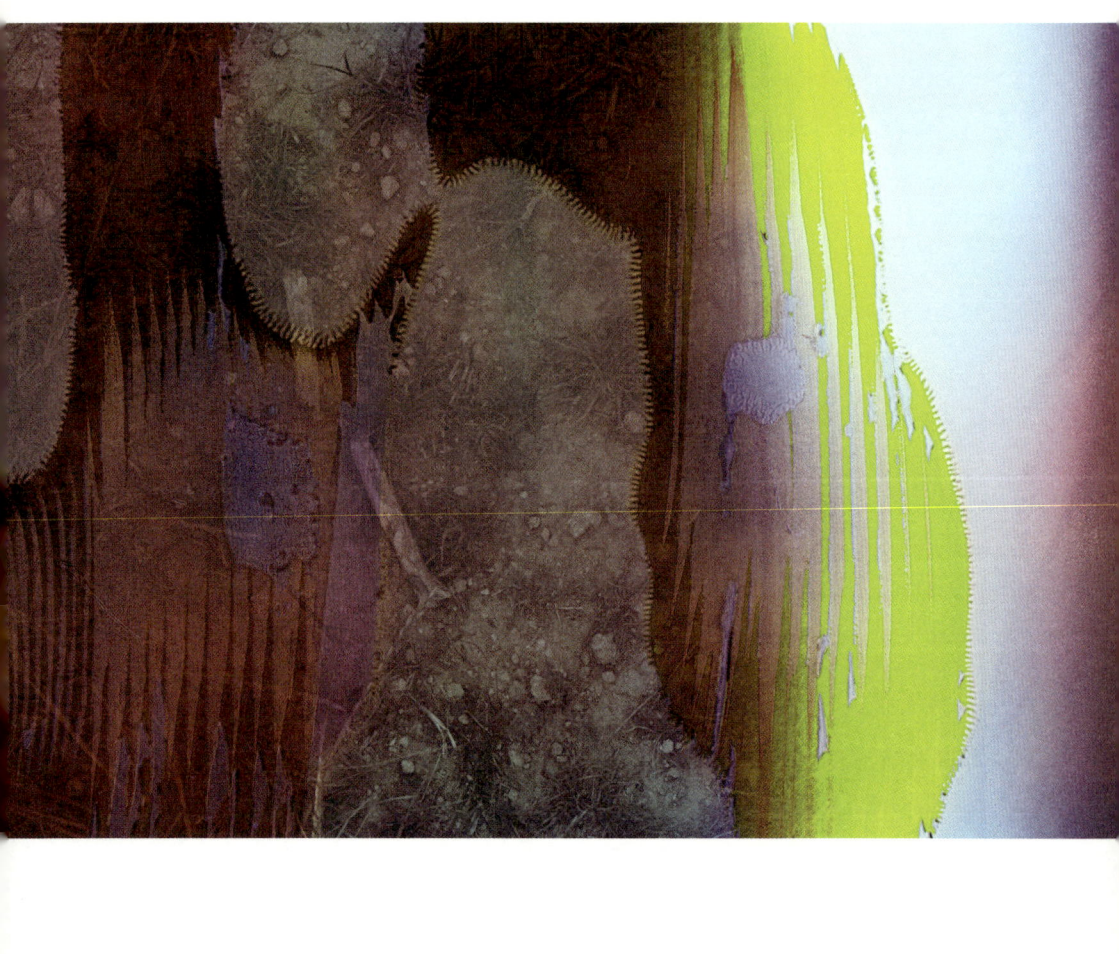

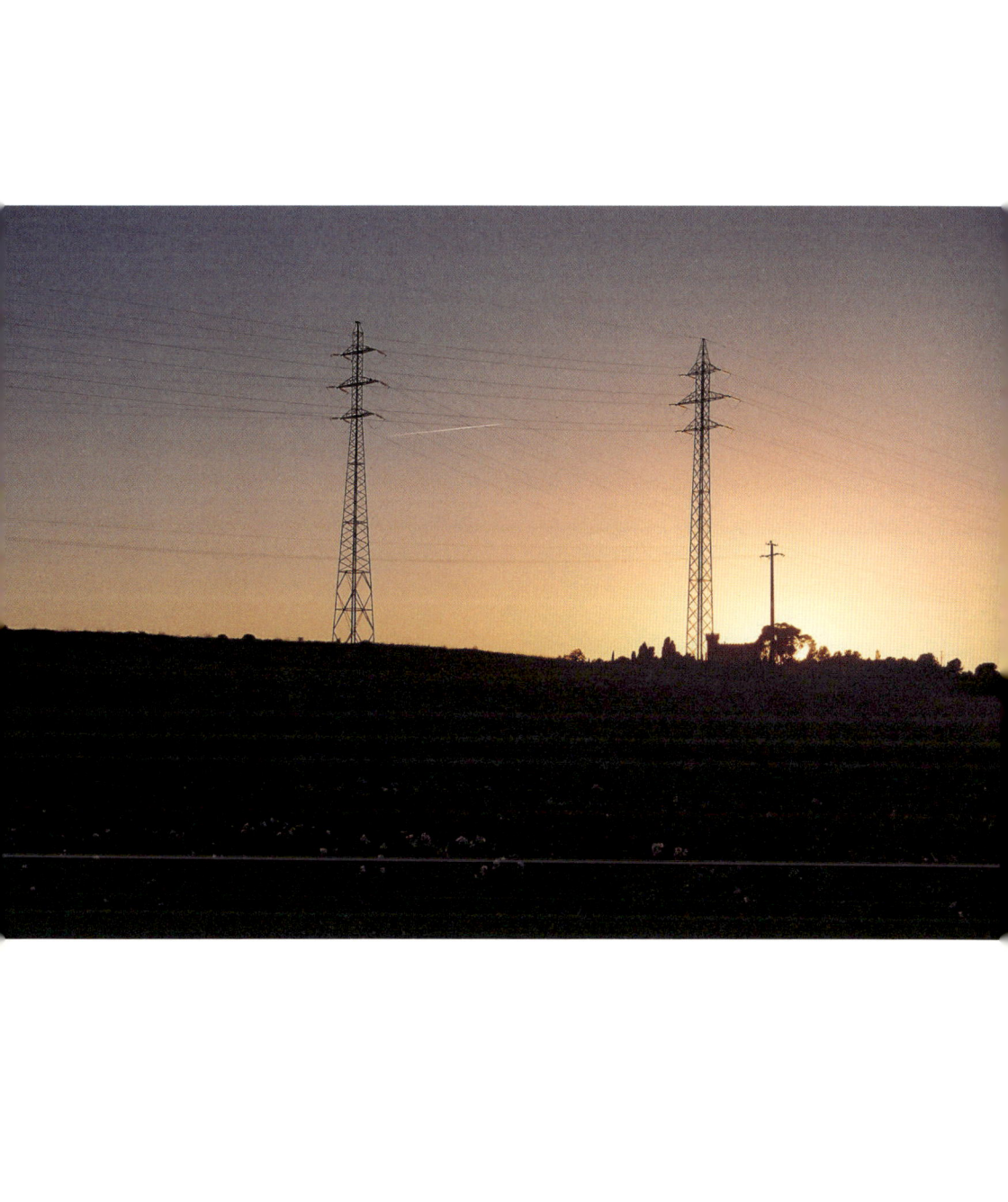

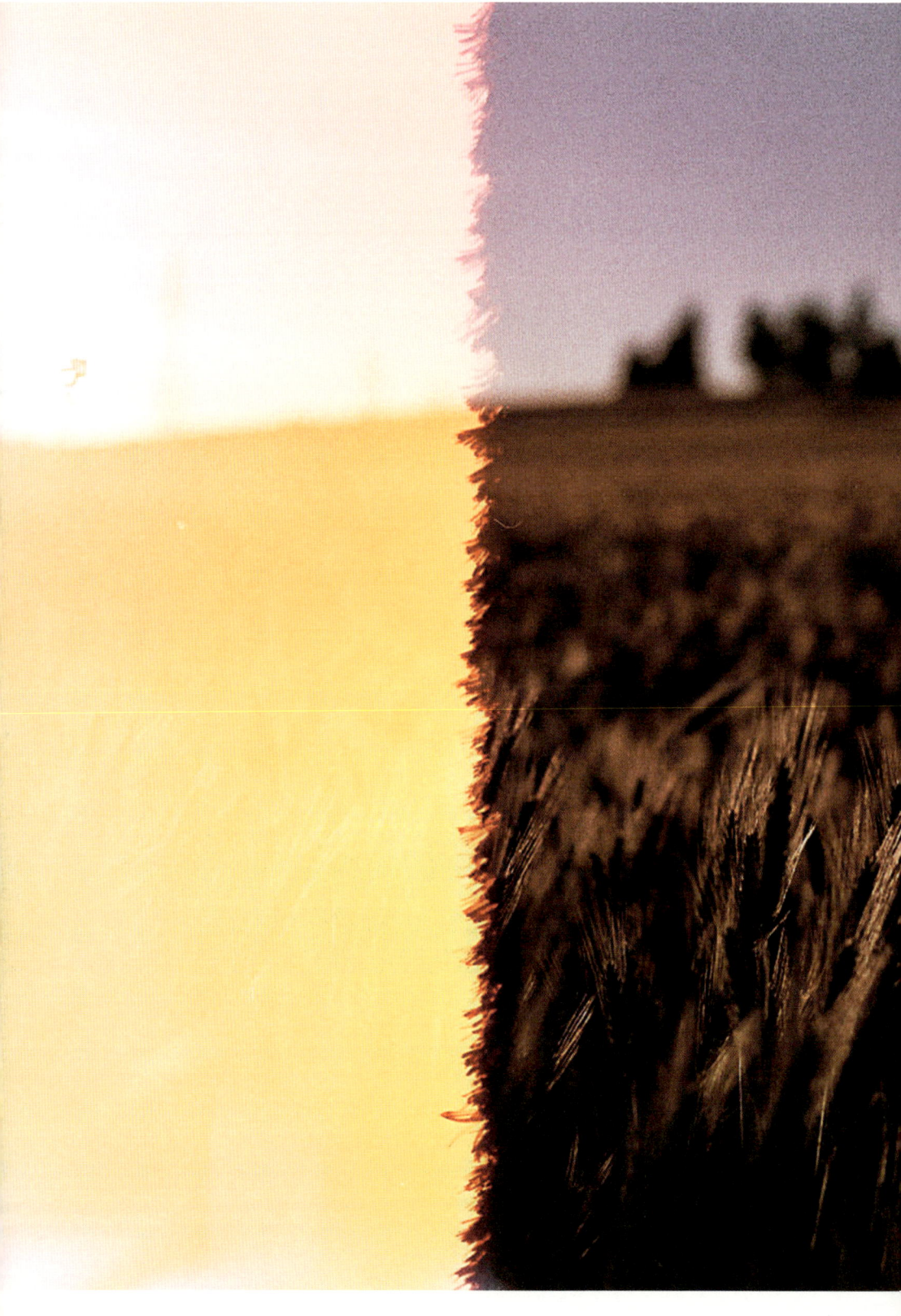

EPÍLOGO. LOS PASEOS TÓXICOS, LOS PASEOS CURATIVOS
YERAY S. IBORRA
(Docente, escritor y periodista)

Andar aclara las ideas. Las horas en casa estrechan las paredes, achatan los techos. Dan jaqueca. Más si uno está pegado a una pantalla. Estirar las piernas es un acto sencillo, accesible, eficaz. Incluso si uno pasea por un vertedero, si el lugar por donde se airea es tóxico en esencia. Si la capa de arena que pisa esconde toneladas de desechos que nadie quiere cerca.

La suciedad, como la ropa, tiene que limpiarla uno mismo. Solo así entiende el valor que otorga abrazar el pasado, la infancia. Quién es *aquél* para entender al *ese* de ahora. Un entendimiento transitorio y esquivo. Como la observación de las aves, cuanto más cerca está uno de ellas, más lejos escapan. Vuelan. Pero mirar hacia atrás y darse un apretón de manos con lo que fuimos, por imperfecto que fuese ese yo pasado, la herencia de los yoes familiares, es sanador.

Como lo es un paseo.

Por mucho que bajo los pies descansen metales, plásticos, ácidos, óxidos, lixiviados y otra porquería industrial. El mismo paseo que ordena y reconcilia, también perdona el desván enmarañado en el que han convertido un boscarral en desuso; si perdonan las plantas, que vuelven a florecer pese a todo, cómo no vamos a darle una nueva oportunidad a ese patio nuestro de inocencia. El de la vuelta con el perro antes de cenar, el de las salidas con amigas, el de los restregones furtivos con los primeros amores. Los paseos curativos. Lo bello y lo feo en convivencia.

EPÍLEG. LES PASSEJADES TÒXIQUES, LES PASSEJADES CURATIVES
YERAY S. IBORRA
(Docent, escriptor i periodista)

Caminar aclareix les idees. Les hores a casa fan estrènyer les parets, fan baixar els sostres. Fan venir mal de cap. I encara més si un està enganxat a una pantalla. Estirar les cames és un acte senzill, accessible, eficaç. Fins i tot si passeges per un abocador, si el lloc on t'aireges és tòxic per essència. Si la capa de sorra que trepitges amaga tones de residus que ningú no vol a prop.

La brutedat, com la roba, l'ha de netejar un mateix. Només així s'entén el valor que infon abraçar el passat, la infantesa. Qui és *aquell* per entendre *aquest* d'ara. Una comprensió transitòria i esquiva. Com l'observació d'aus, com més a prop n'estem, més lluny marxen. Volen. Però mirar enrere i estrènyer la mà a qui vam ser, per més imperfecte que fos aquell *jo* del passat, l'herència dels *jos* familiars, és sanador.

Com ho és una passejada.

Encara que sota els peus descansin metalls, plàstics, àcids, òxids, lixiviats i altra porqueria industrial. La mateixa passejada ordena i reconcilia, també perdona el traster desendreçat en què han convertit una bosquina en desús; si perdonen les plantes, que tornen a florir malgrat tot, és impensable no donar una nova oportunitat a aquest pati nostre d'innocència. El de fer el tomb amb el gos abans de sopar, el de les sortides amb amigues, el de les refregades furtives amb els primers amors. Les passejades curatives. La bellesa i la lletjor en convivència.

EXPOSICIÓN / EXPOSICIÓ

Coordinación / Coordinació
Carolina Ciuti

Dirección de montaje e iluminación /
Direcció del muntatge i il·luminació
Pedro Benito Albarrán

Diseño expositivo / Disseny expositiu
laura aranda lavado, Estefania Bedmar, Carolina
Ciuti, Alain Rojas Pastor, Malu Reigal

Diseño de la gráfica / Disseny de la gràfica
gráfica futura

Seguros / Assegurances
MAPFRE Seguros de Empresas
Compañía de Seguros y Reaseguros

CATÁLOGO / CATÀLEG

Coordinación / Coordinació
Carolina Ciuti

Departamento de Publicaciones /
Departament de Publicacions
Raúl González Beneyto

Edición de los textos / Edició dels textos
Mariola Gómez Laínez

Traducciones / Traduccions
Mercè Bolló, Barcelona Kontext (del castellano
al catalán / del castellà al català)

Diseño y maquetación / Disseny i maquetació
gráfica futura

Fotomecánica / Fotomecànica
Lucam

Impresión y encuadernación /
Impressió i enquadernació
Brizzolis

Imágenes de sobrecubierta /
Imatges de sobrecoberta
Estefania Bedmar, *En el patio de mi casa*, 2023

Todas las imágenes de esta publicación pertenecen
al proyecto *En el patio de mi casa*, 2021-en curso, que
comprende fotografías digitales, película manipulada
soapfilm e imágenes de archivo.

Totes les imatges d'aquesta publicació pertanyen al
projecte *En el patio de mi casa*, 2021-en curs, que
comprèn fotografies digitals, pel·lícula manipulada
soapfilm i imatges d'arxiu.

ISBN: 978-84-9844-876-4
ISBN: 978-84-9844-875-7
DL: M-15940-2024

KBr Flama'24

laura aranda lavado

Yo también quise ser Robert Capa,
pero no hacer sus fotos

Fundación **MAPFRE**

YO TAMBIÉN QUISE SER ROBERT CAPA, PERO NO HACER SUS FOTOS
laura aranda lavado

El proyecto deriva de una conversación introspectiva de la artista consigo misma, donde explora sus reflexiones y contradicciones en torno al medio de la fotografía. Este proceso se revela para ella como un camino hacia un «espacio de libertad» –tal como lo define Vilém Flusser en el ensayo *Para una filosofía de la fotografía* (2014)–, donde entrelaza y teje imágenes que permanecen imborrables en su mente.

Asimismo, la autora concibe la fotografía como un tejido imposible de deshacer, en el que se encuentran y dialogan experiencias visuales, emociones y especulaciones. Esta exploración se fundamenta en la metodología de la autoetnografía, método de investigación social que toma como punto de partida un análisis sistemático de la experiencia personal con el fin de comprender la experiencia cultural compartida.

Como resultado de este proceso, la autora crea cuatro «artefactos-herramientas»: un muro virtual, una libreta-diario, un foto-ensayo compuesto por quince imágenes y una manta tejida a ganchillo. Las quince fotografías que componen el ensayo visual proceden del archivo fotográfico que la artista ha ido creando a lo largo de los últimos veinte años. El proceso de recuperación de estas imágenes se convierte así en un proceso de reapropiación material y conceptual. Cada una de ellas está impresa a una tinta sobre papeles de diferentes colores, hecho que busca romper con la estética clásica de la fotografía que habitualmente positiva sobre blanco.

De esta manera, *Yo también quise ser Robert Capa, pero no hacer sus fotos* constituye un viaje tan íntimo como universal, un estudio acerca de los límites y las posibilidades de la fotografía como diario personal, herramienta especulativa y documento social.

YO TAMBIÉN QUISE SER ROBERT CAPA, PERO NO HACER SUS FOTOS
laura aranda lavado

El projecte deriva d'una conversa introspectiva de l'artista amb si mateixa, en què explora les seves reflexions i contradiccions entorn del mitjà fotogràfic. Aquest procés es revela per a ella com un camí cap a un «espai de llibertat» –tal com el defineix Vilém Flusser a l'assaig *Für eine Philosophie der Fotografie* [Per a una filosofia de la fotografia] (1983)–, en el qual entrellaça i teixeix imatges que romanen inesborrables a la ment.

L'autora també concep la fotografia com un teixit impossible de desfer, on es troben i dialoguen experiències visuals, emocions i especulacions. Aquesta exploració es fonamenta en la metodologia de l'autoetnografia, un mètode d'investigació social que pren com a punt de partida una anàlisi sistemàtica de l'experiència personal amb la finalitat d'entendre l'experiència cultural compartida.

Com a resultat d'aquest procés, l'autora ha creat quatre «artefactes-eines»: un mur virtual, una llibreta-diari, un foto-assaig format per quinze imatges i una manta teixida a ganxet. Les quinze fotografies que componen l'assaig visual provenen de l'arxiu fotogràfic que l'artista ha anat crean al llarg dels darrers vint anys. El procés de recuperació d'aquestes imatges esdevé així un procés de reapropiació material i conceptual. Cadascuna està impresa a una tinta sobre papers de diferents colors, un fet que busca trencar amb l'estètica clàssica de la fotografia, que sol positivar sobre blanc.

Així, *Yo también quise ser Robert Capa, pero no hacer sus fotos* constitueix un viatge tant íntim com universal, un estudi entorn dels límits i les possibilitats de la fotografia com a diari personal, eina especulativa i document social.

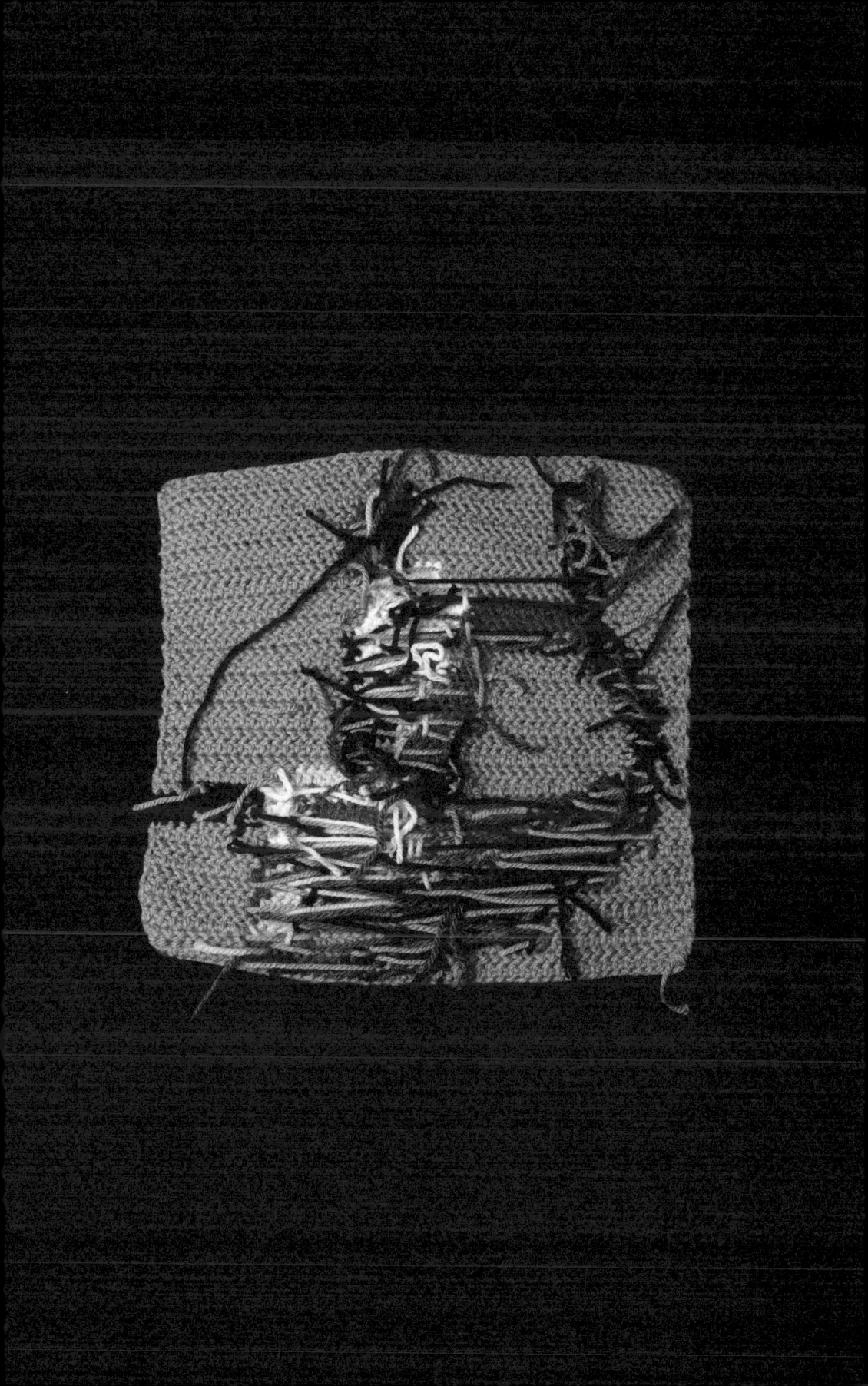

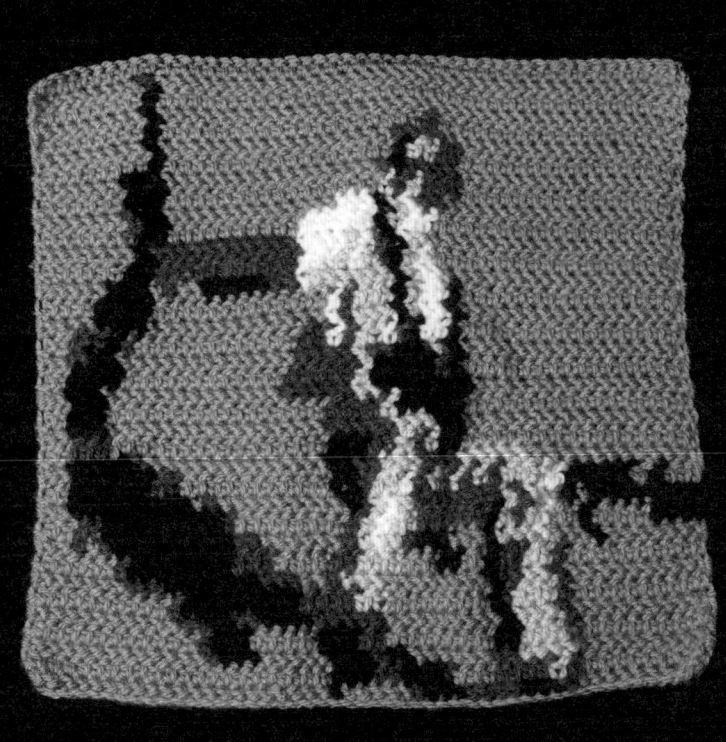

«La filosofía de la fotografía debe revelar que la libertad humana no tiene espacio en el ámbito de los aparatos automáticos, programados y programadores, para finalmente mostrar cómo, sin embargo, es posible abrir un espacio para la libertad.»

Vilém FLUSSER, *Para una filosofía de la fotografía,* 2014

«La filosofia de la fotografia ha de revelar que la llibertat humana no té espai en l'àmbit dels aparells automàtics, programats i programadors, per finalment mostrar que, tanmateix, és possible obrir un espai per a la llibertat.»

Vilém FLUSSER, *Für eine Philosophie der Fotografie* [Per a una filosofia de la fotografia], 1983

«La fotografía es un tejido, un tejido
de relaciones –de relaciones de poder–, de
visualidades, de subjetividades, de tiempos.
La fotografía es un tejido que ha sido
imaginado y creado, hilado y urdido. Una
fotografía es un tejido de fotografías.
Mis fotografías son las fotografías que han
hecho otros, todas las que merecen la pena,
que merecen el mundo roto y que lo salvarán.
Mis fotografías también son todas las otras
fotos que no son eso, que son solo otras fotos.
La fotografía es un tejido de contradicciones:
es paisaje y retrato, es ventana y espejo.
Es una manta que me arropa, que a veces me
arrulla y otras pica. Pican esas fotografías
que ya no puedo olvidar, que no puedo romper,
borrar o quemar. ¿Qué hago con todas ellas?
He tejido todas esas fotografías, que aunque
ya no las quiera, siempre estarán en mí.
Que una vez tejidas, me pregunto si siguen
siendo fotografías.»

«La fotografia és un teixit, un teixit
de relacions –de relacions de poder–, de
visualitats, de subjectivitats, de temps.
La fotografia és un teixit que ha estat
marginat i creat, filat i ordit. Una fotografia
és un teixit de fotografies. Les meves
fotografies són les fotografies que han fet
altres, totes les que valen la pena, que mereixen
el món trencat i que el salvaran. Les meves
fotografies també són totes les altres fotos
que no són això, que només són altres fotos.
La fotografia és un teixit de contradiccions:
és paisatge i retrat, és finestra i mirall.
És una manta que m'abriga, que unes vegades
m'acaricia i altres vegades pica. Piquen les
fotografies que ja no puc oblidar, que no puc
trencar, esborrar o cremar. Què en faig, de totes
elles? He teixit totes aquestes fotografies,
i encara que ja no les vulgui, sempre seran en mi.
Que un cop teixides, em pregunto si continuen
sent fotografies.»

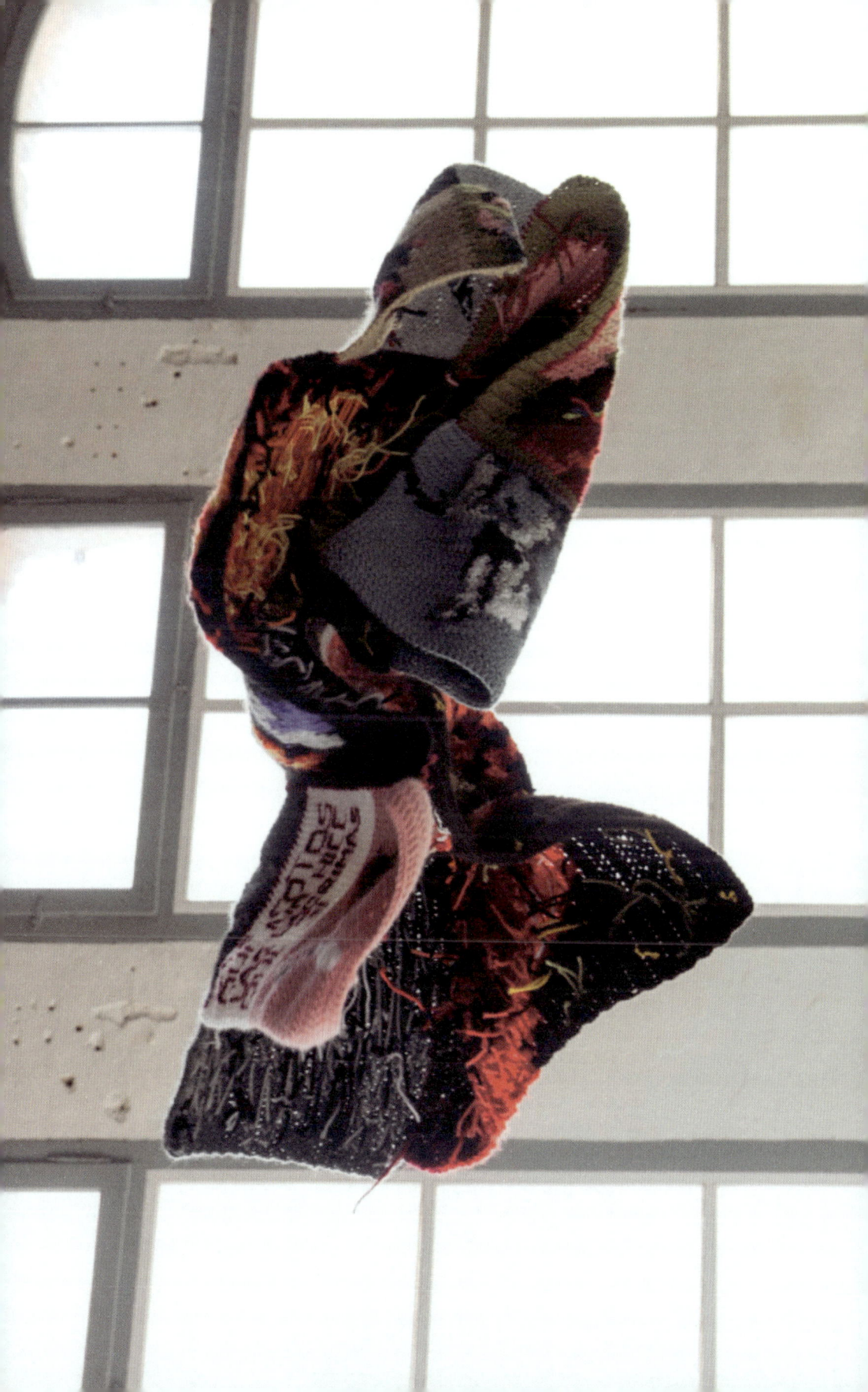

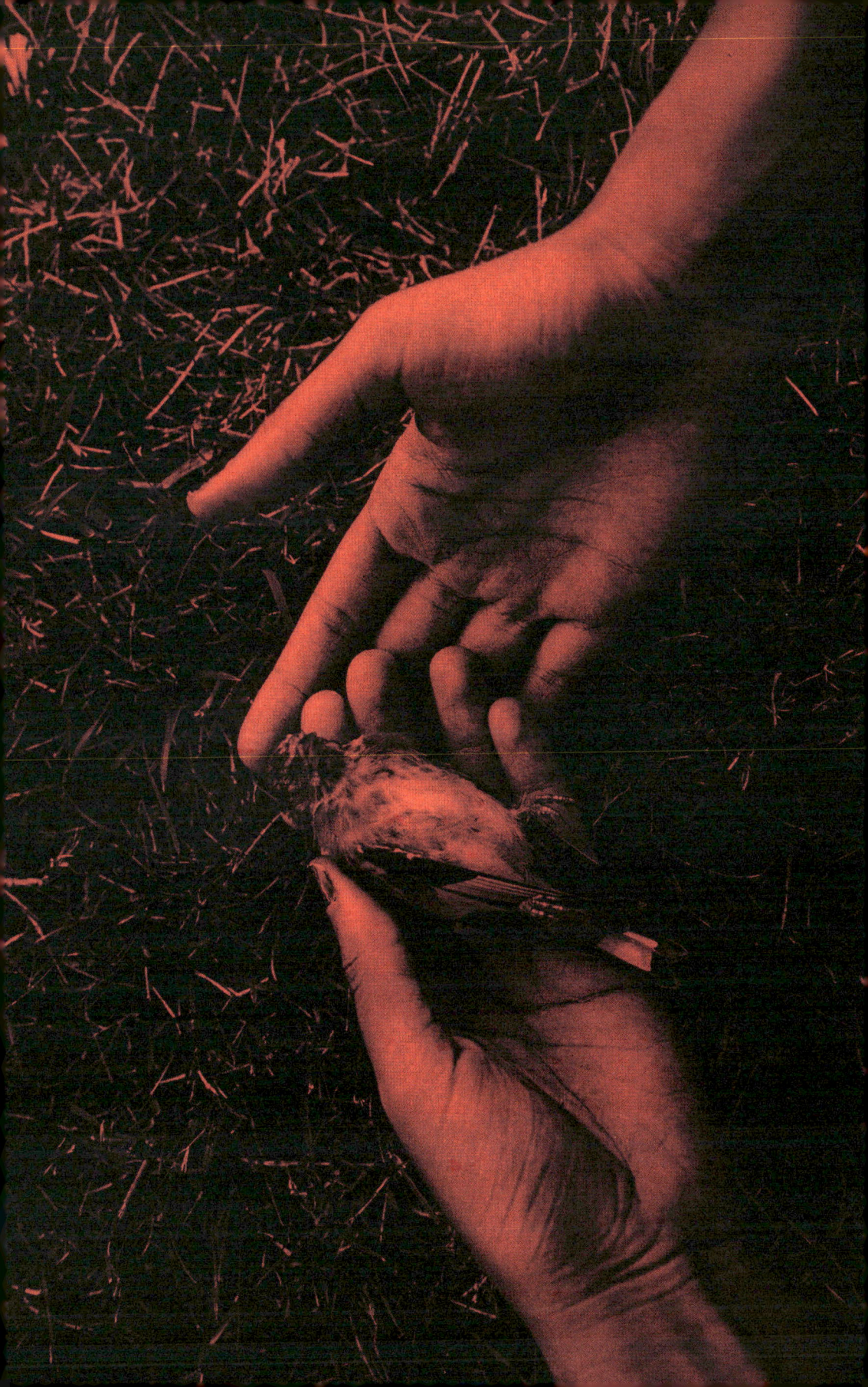

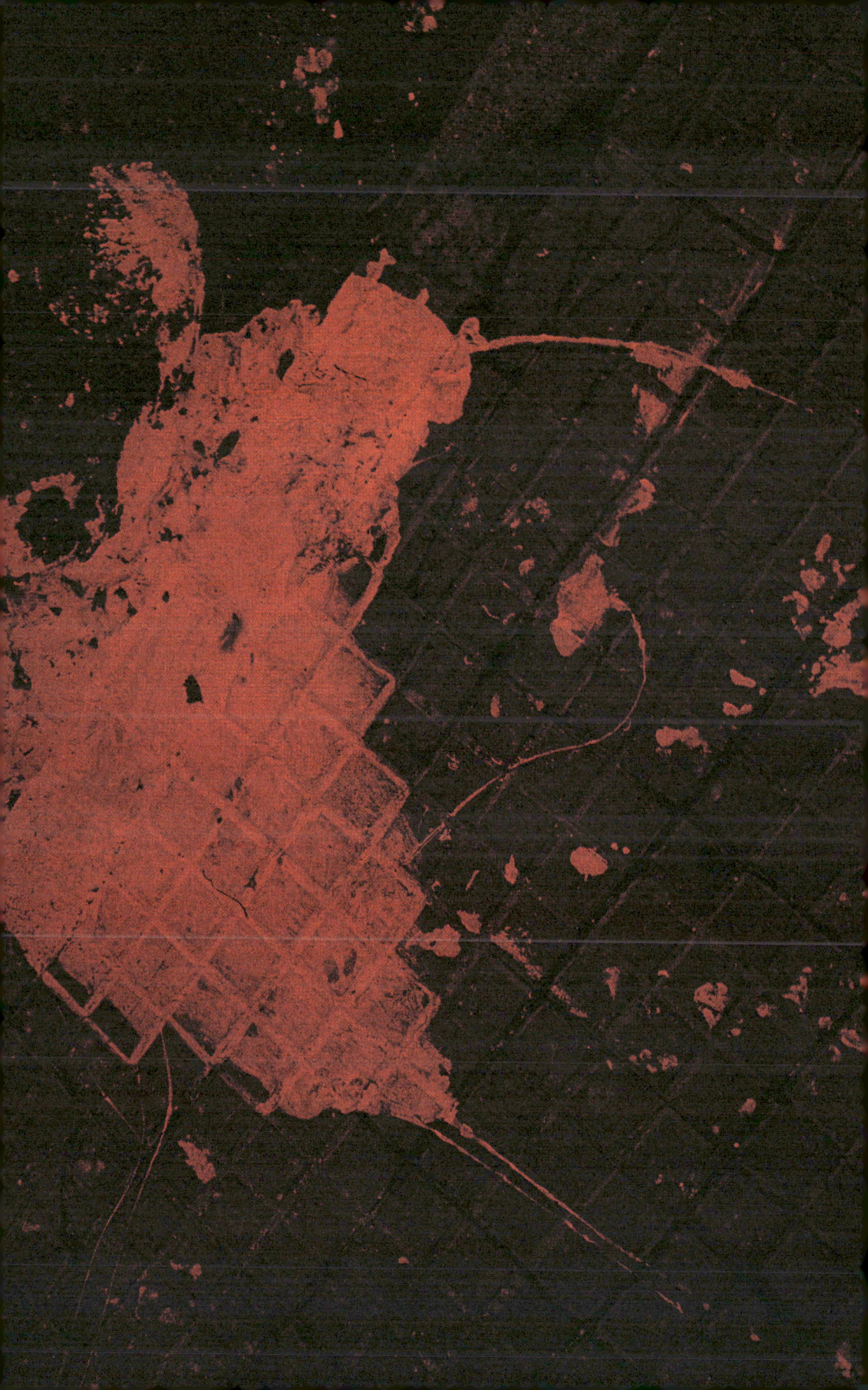

SOBRE VIOLENCIA

94 "somos la tradición que nos precede"

"no debería suponerse un "nosotros" cuando
el tema es la mirada al dolor de los demás"

NOSOTROS > LOS DEMÁS

(¿dónde está el fotoperio en la ecuación?)
"las fotografías son un medio de dotar de
"REALIDAD" (o de 'mayor realidad') a asuntos
que los privilegiados o los meramente indem-
nes acaso ~~prefieren~~ ignoran"

paisaje urbano ≠ carne
"PARA LOS MILITARES LA IDENTIDAD LO ES TODO"
la identidad (:16)

↳ es tergiversada en el pie de página.
↳ me hace pensar que en el fotoperiod.
se entiende la imagen como "lo que
pasó" y la escritura como su posible
subjetividad. Lo real tiene muchas
caras y lo que vemos pasó en una
de esas caras pero, el intento
de escribirlo y objetivarlo es
ensayo

¿PARA QUE SIRVEN LAS FOTOS DE GUERRA SI SIGUE HABIENDO GUERRAS?

:42 iconografic de sufrimients

↓

IRA (humana o divine)

no se han representado tanto
sufrimientos naturals: enfermedad
o parto   o   accidentes.
→ laocónte / pasión de cristo
CUERPOS DOLIENTES ── CUERPOS DESNUDOS
en el arte cristiano estas dos se
encontraban en descripciones del INFIERNO

:43) mitos paganos   solo hay provocación
(no hay peso moral) ¿puedes mirar esto?
"EL PLACER DE ARREDRARSE"

· quizás las únicas personas a ver imágenes
de sufrimiento son las que pueden
hacer algo para aliviarlo (cirujanos)

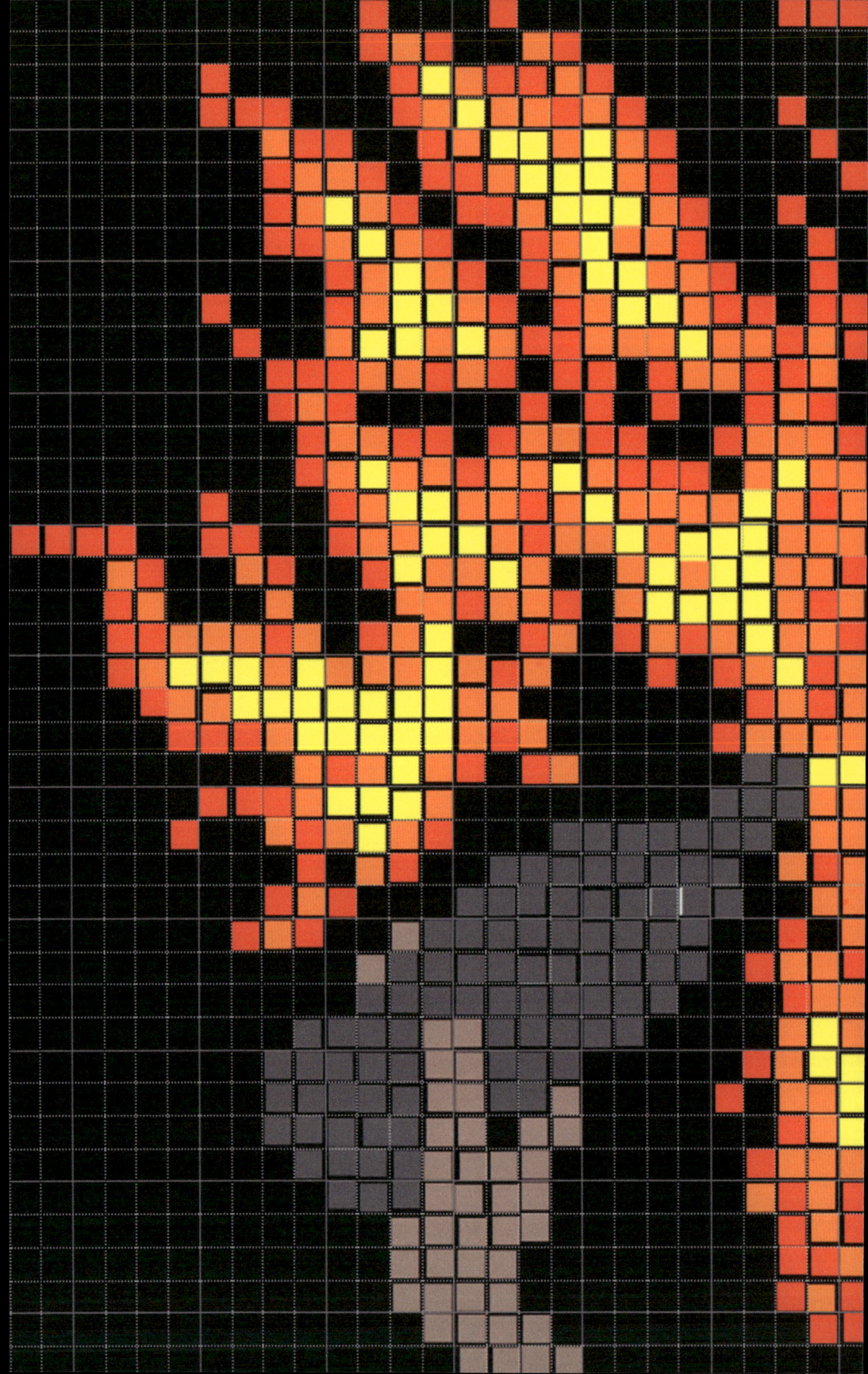

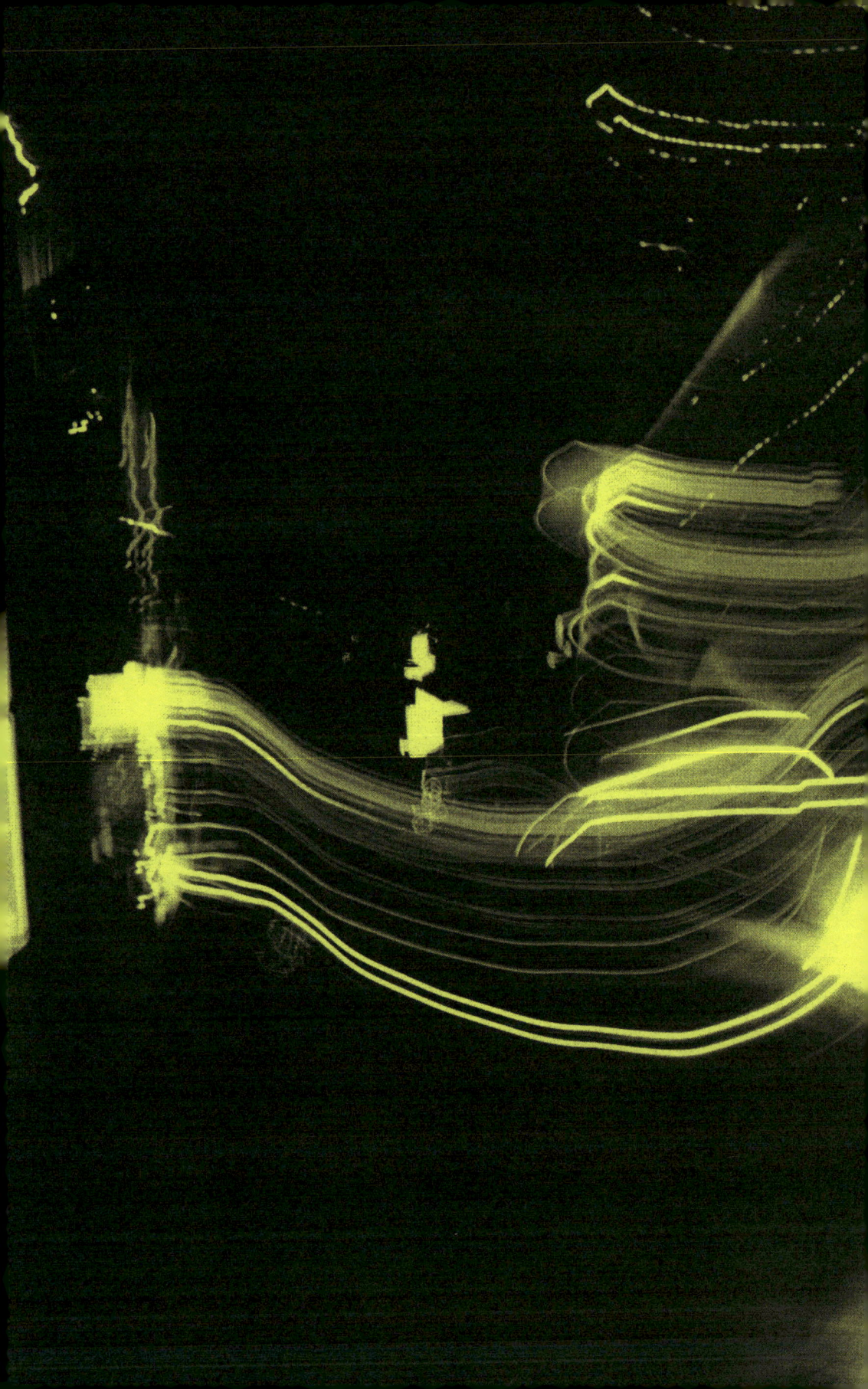

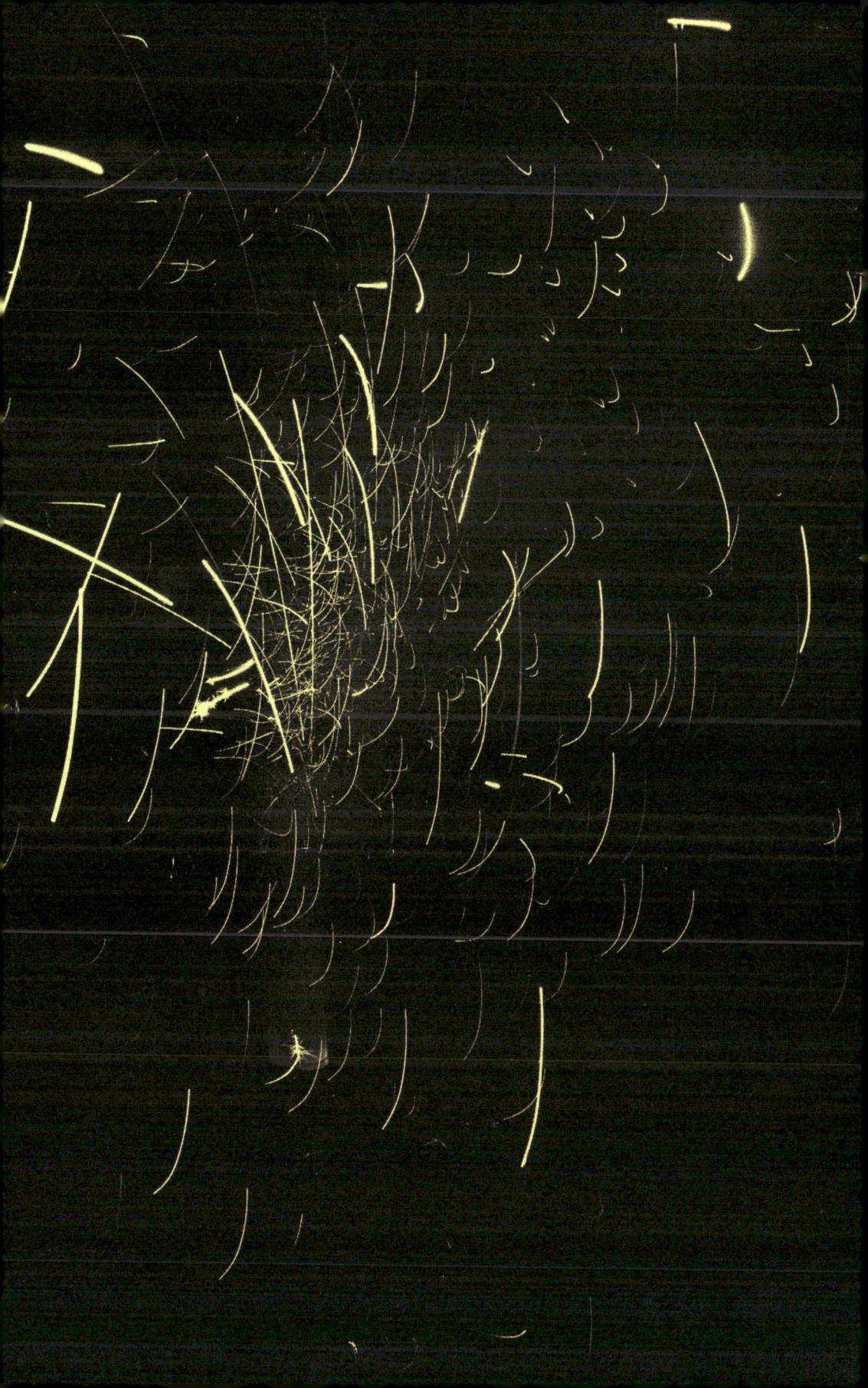

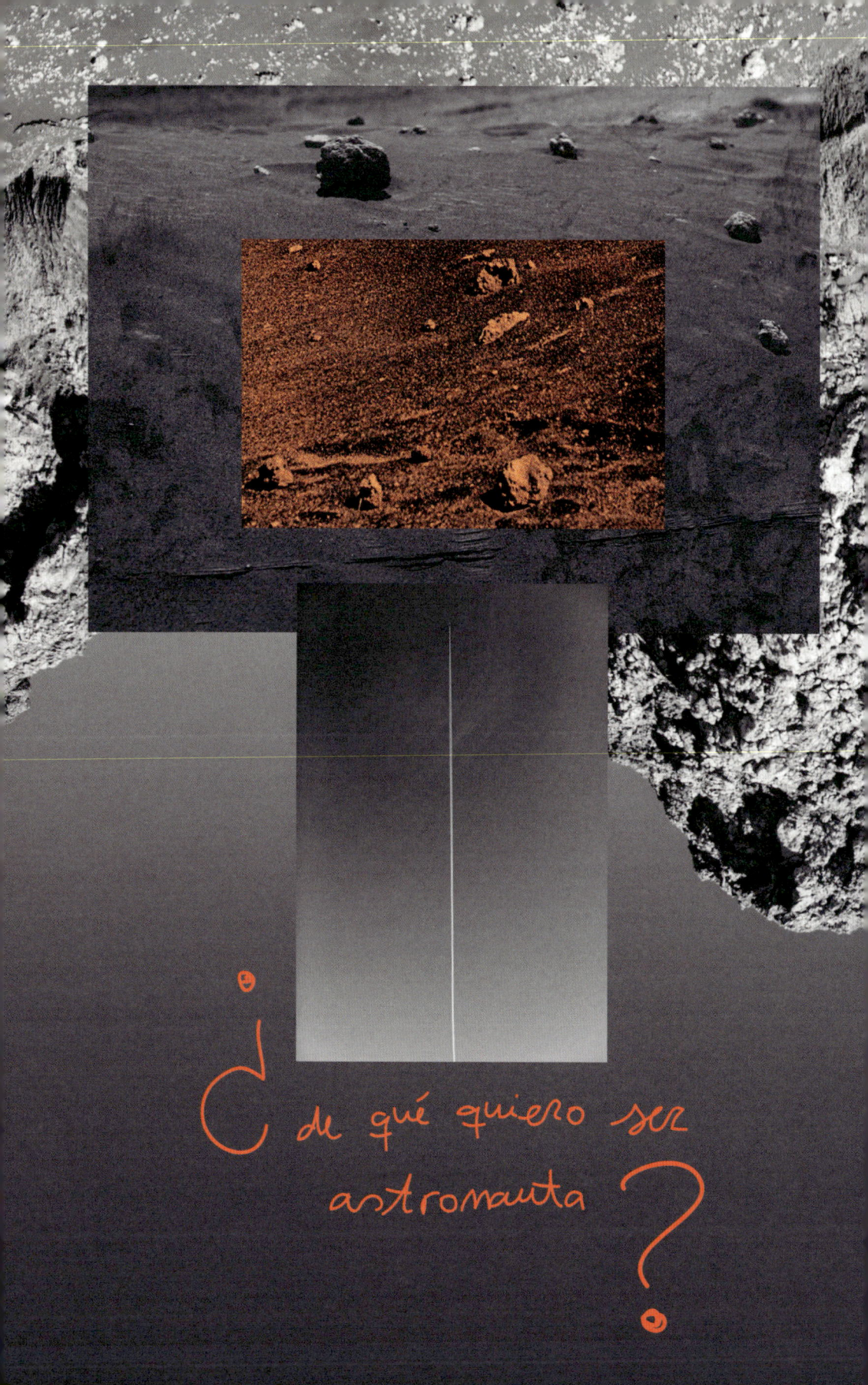

¿ de qué quiero ser astronauta ?

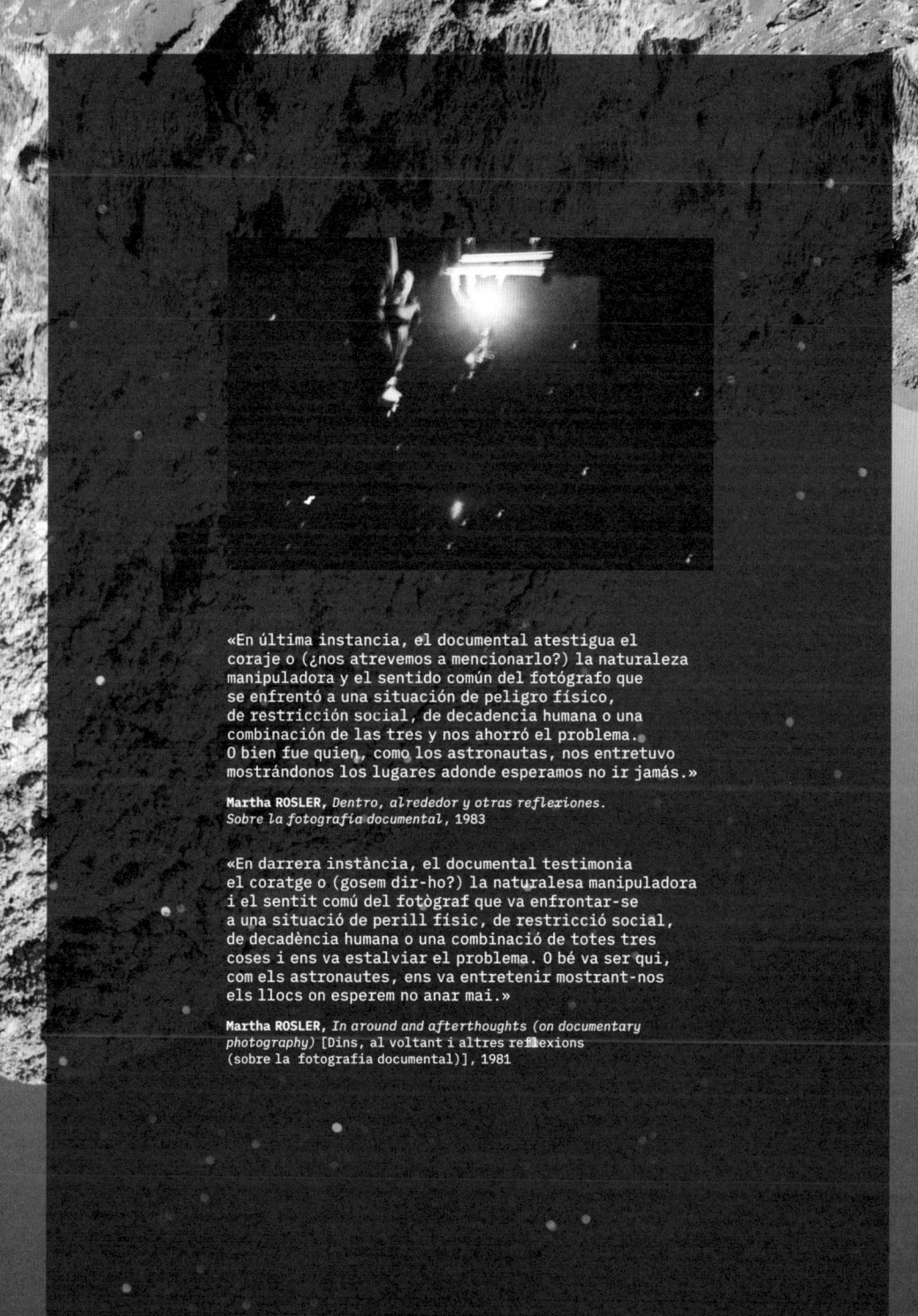

«En última instancia, el documental atestigua el
coraje o (¿nos atrevemos a mencionarlo?) la naturaleza
manipuladora y el sentido común del fotógrafo que
se enfrentó a una situación de peligro físico,
de restricción social, de decadencia humana o una
combinación de las tres y nos ahorró el problema.
O bien fue quien, como los astronautas, nos entretuvo
mostrándonos los lugares adonde esperamos no ir jamás.»

Martha ROSLER, *Dentro, alrededor y otras reflexiones.*
Sobre la fotografía documental, 1983

«En darrera instància, el documental testimonia
el coratge o (gosem dir-ho?) la naturalesa manipuladora
i el sentit comú del fotògraf que va enfrontar-se
a una situació de perill físic, de restricció social,
de decadència humana o una combinació de totes tres
coses i ens va estalviar el problema. O bé va ser qui,
com els astronautes, ens va entretenir mostrant-nos
els llocs on esperem no anar mai.»

Martha ROSLER, *In around and afterthoughts (on documentary*
photography) [Dins, al voltant i altres reflexions
(sobre la fotografia documental)], 1981

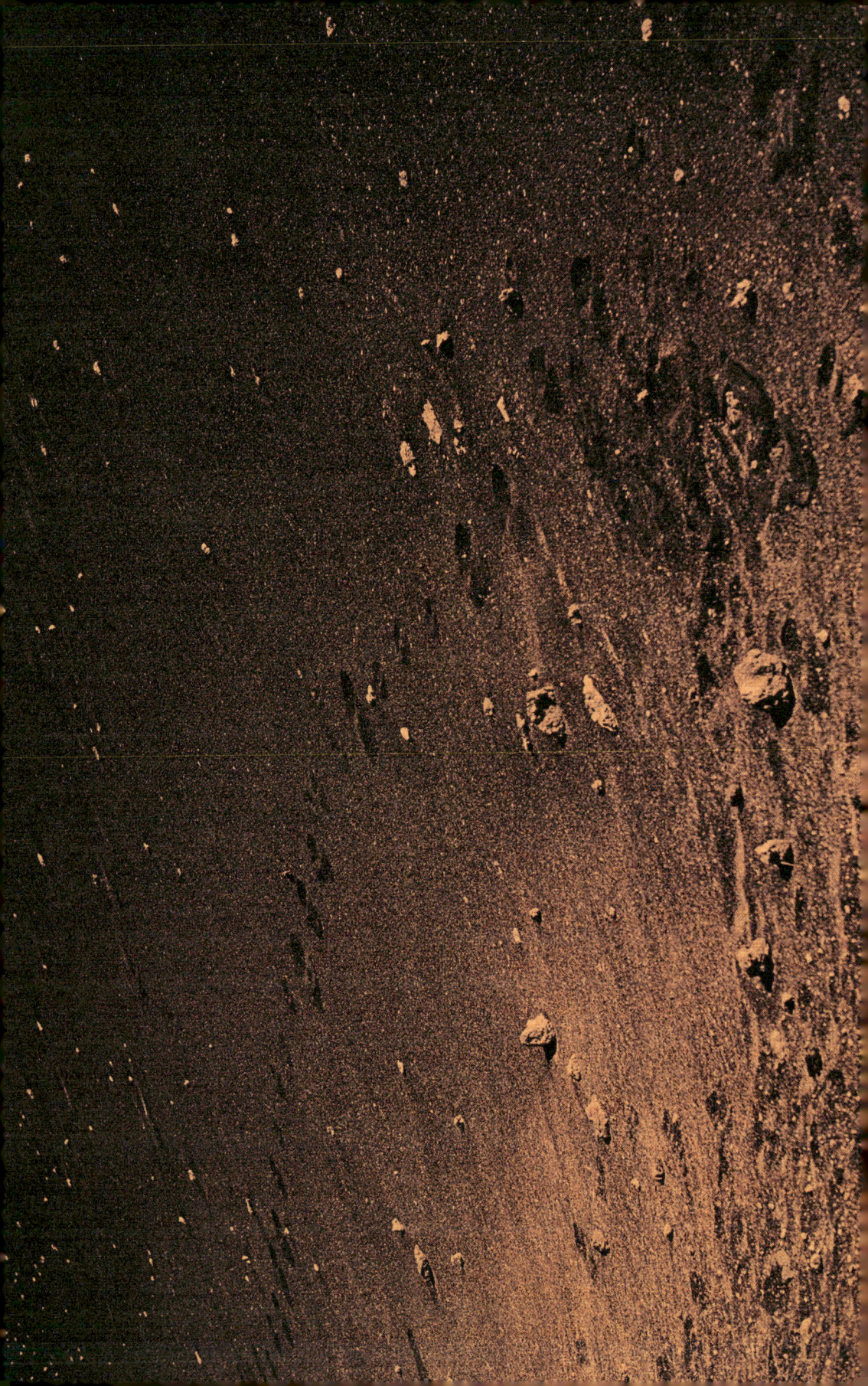

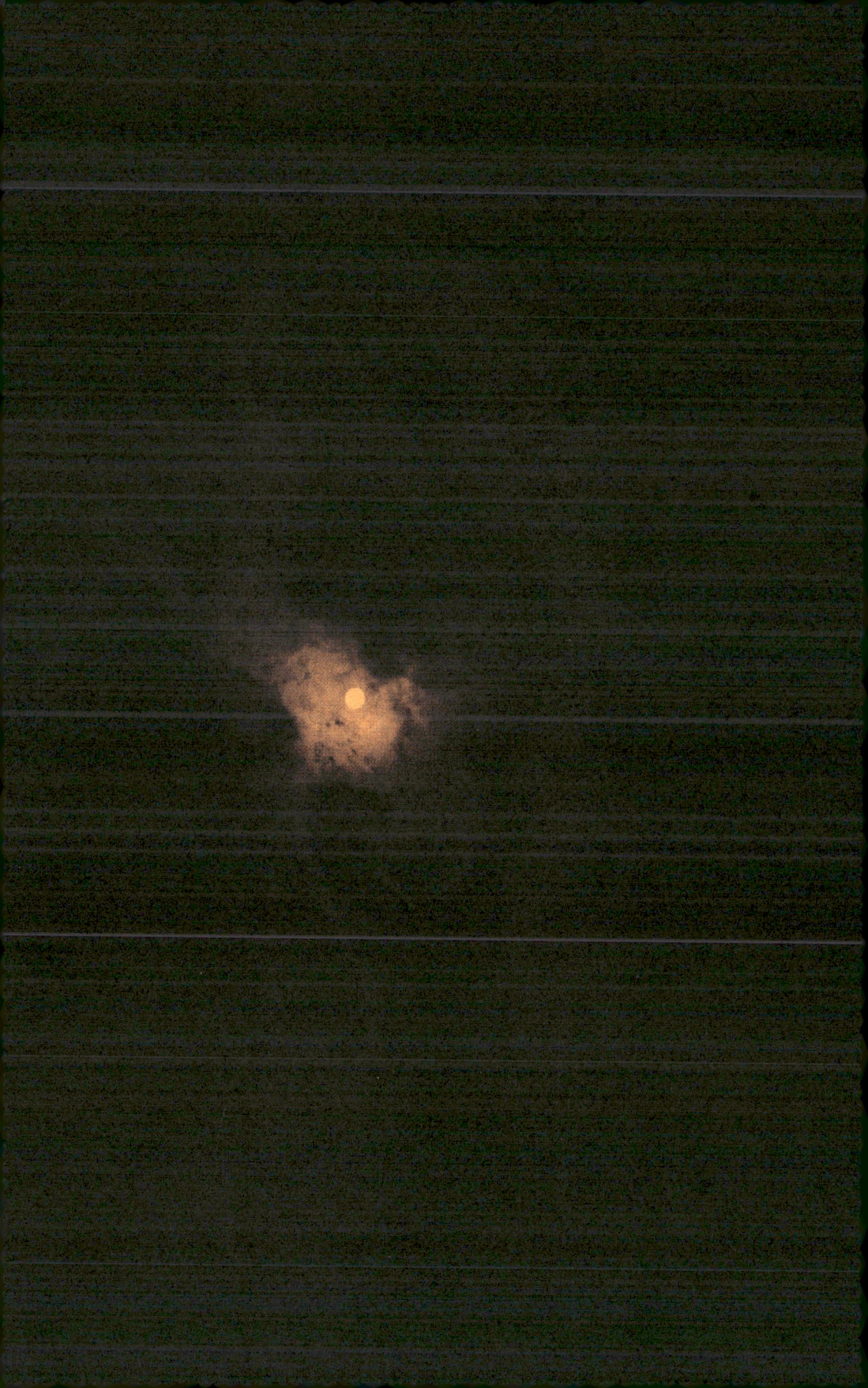

las fotos que no hice
las lagrimas que si

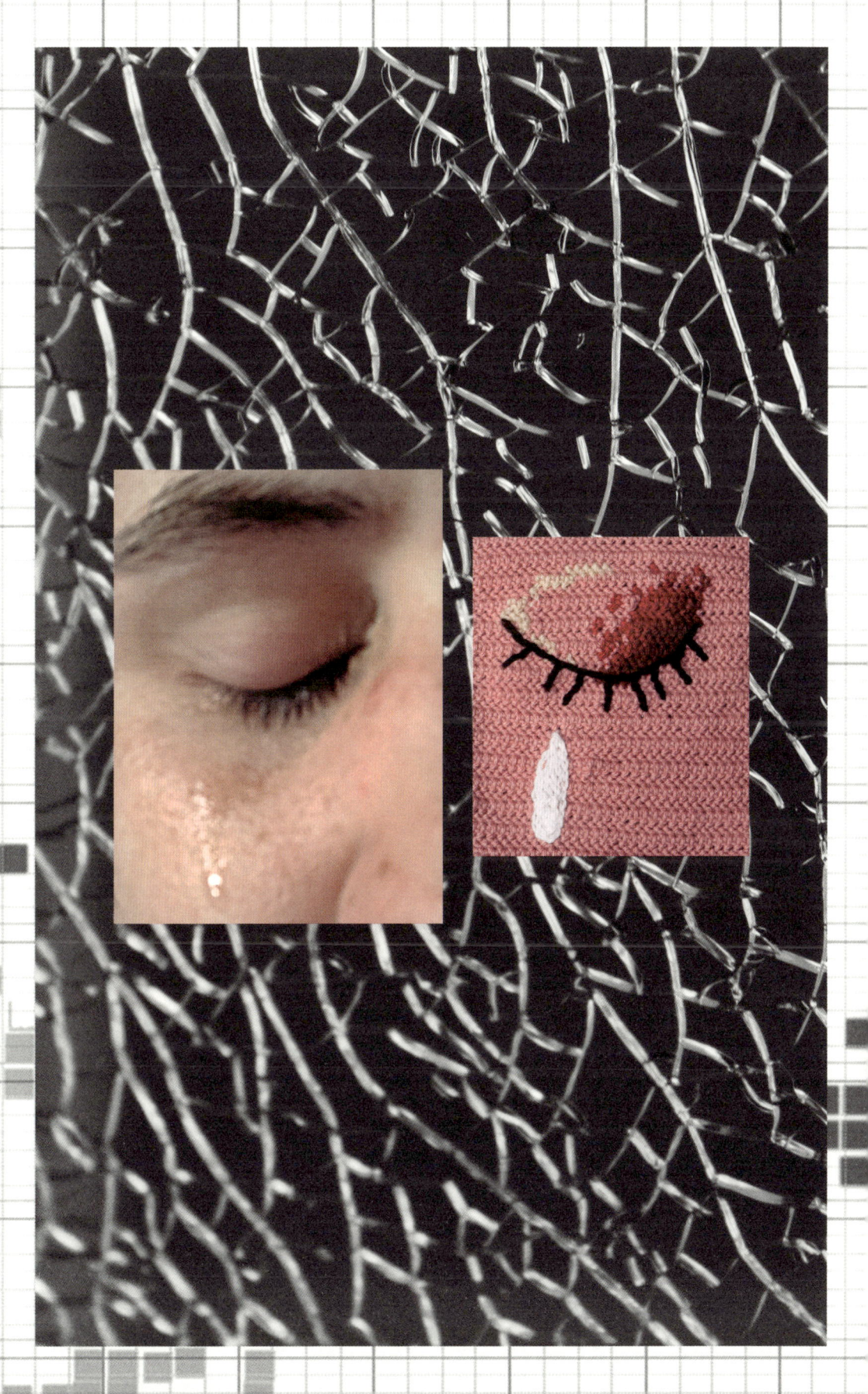

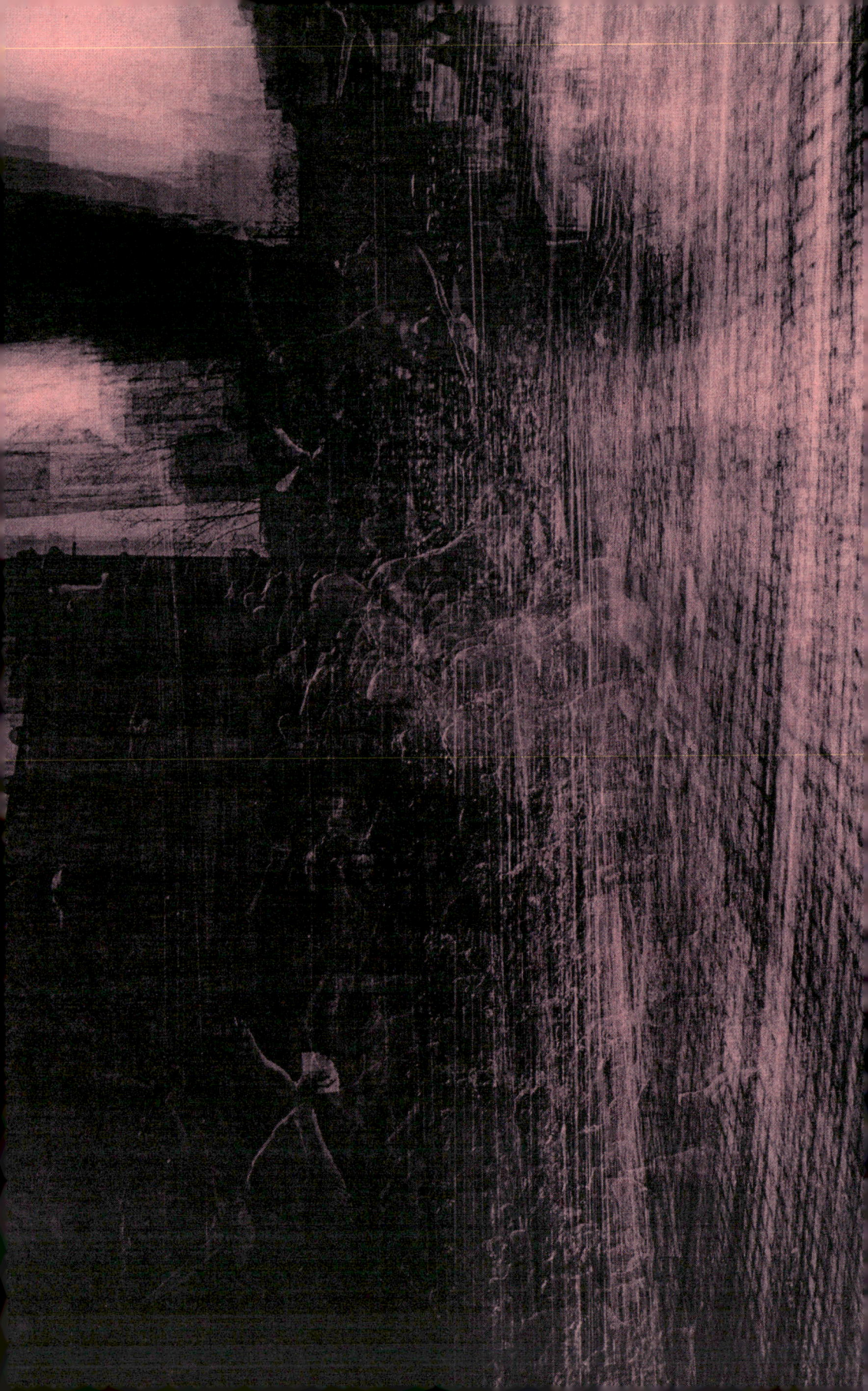

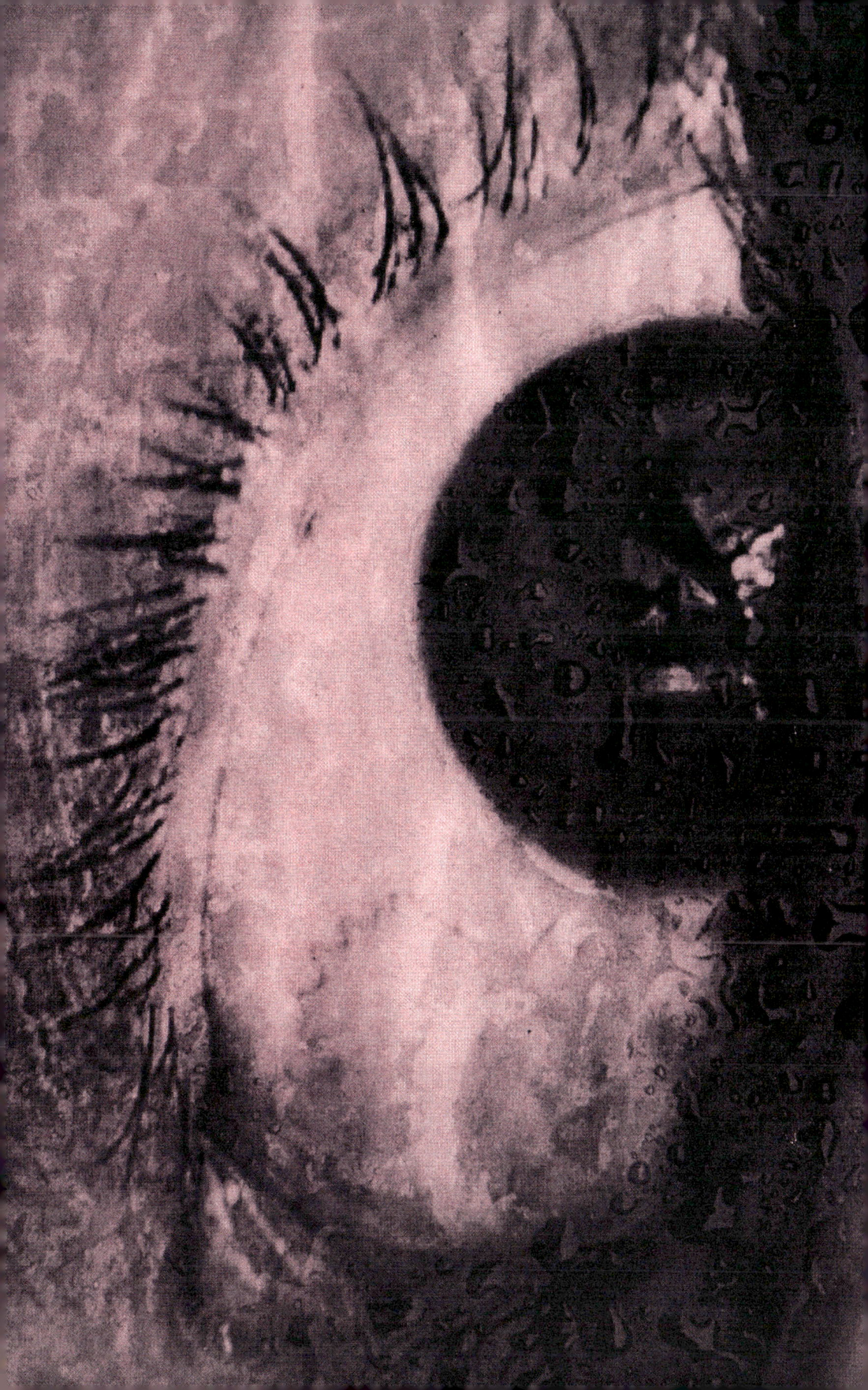

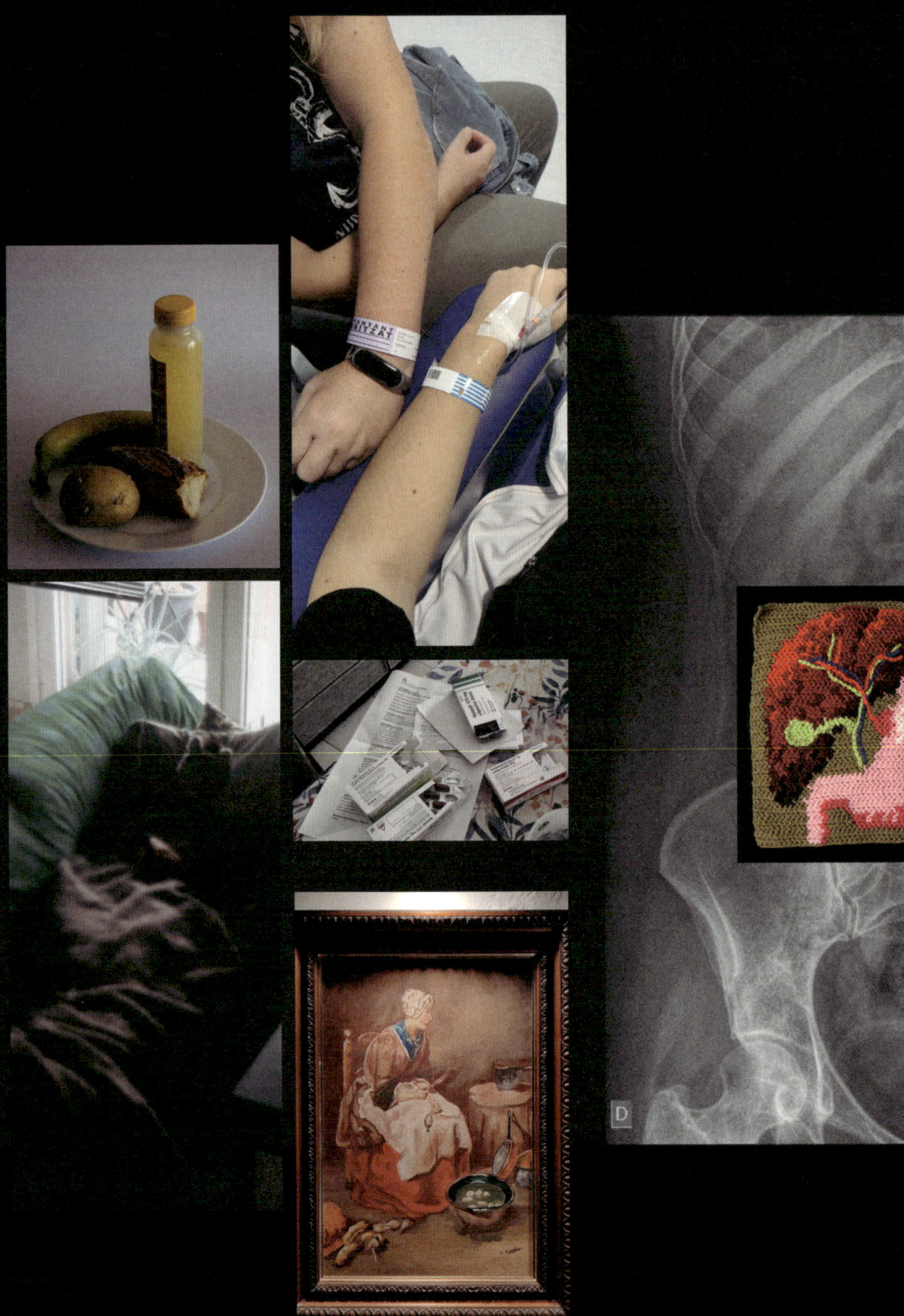

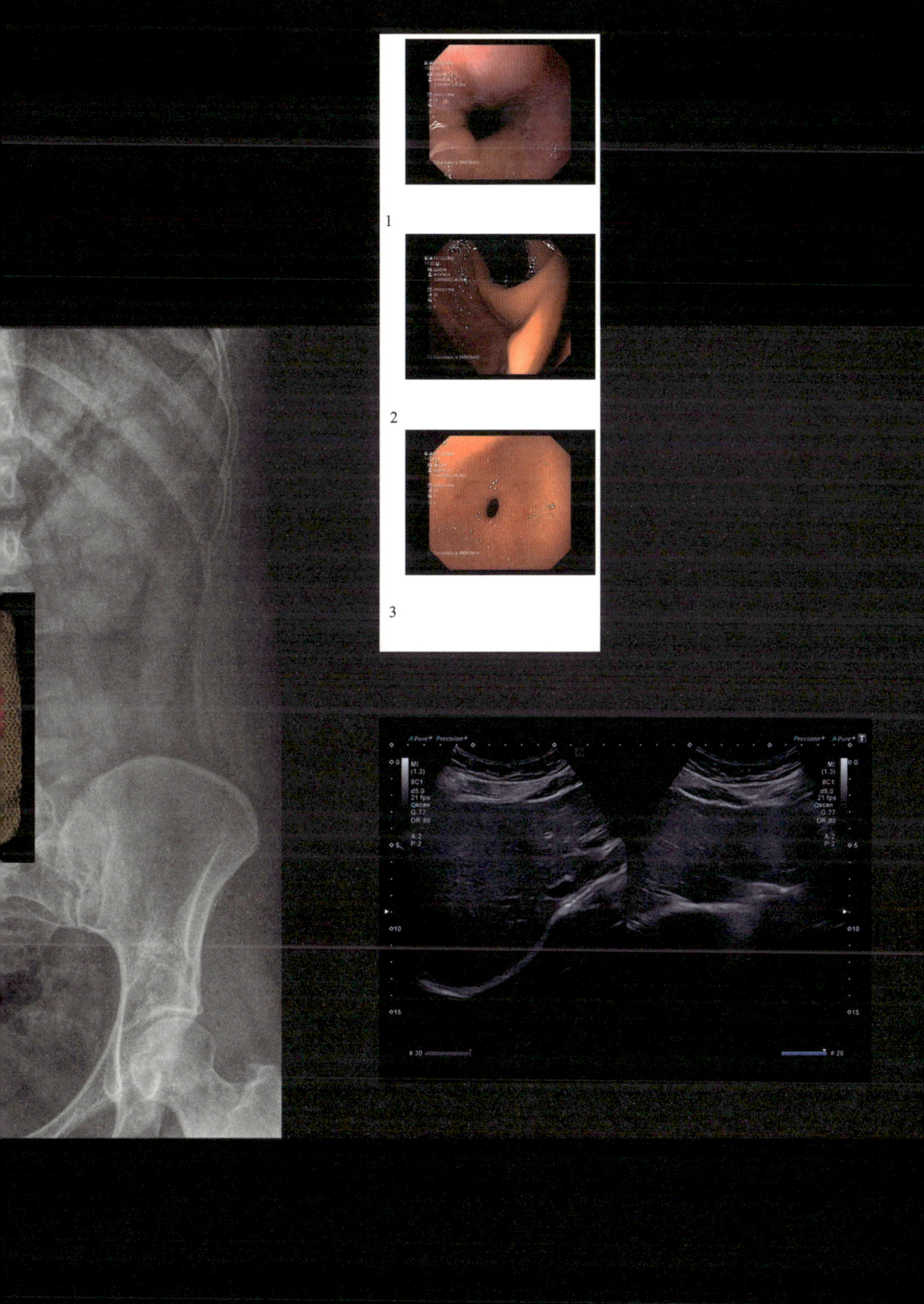

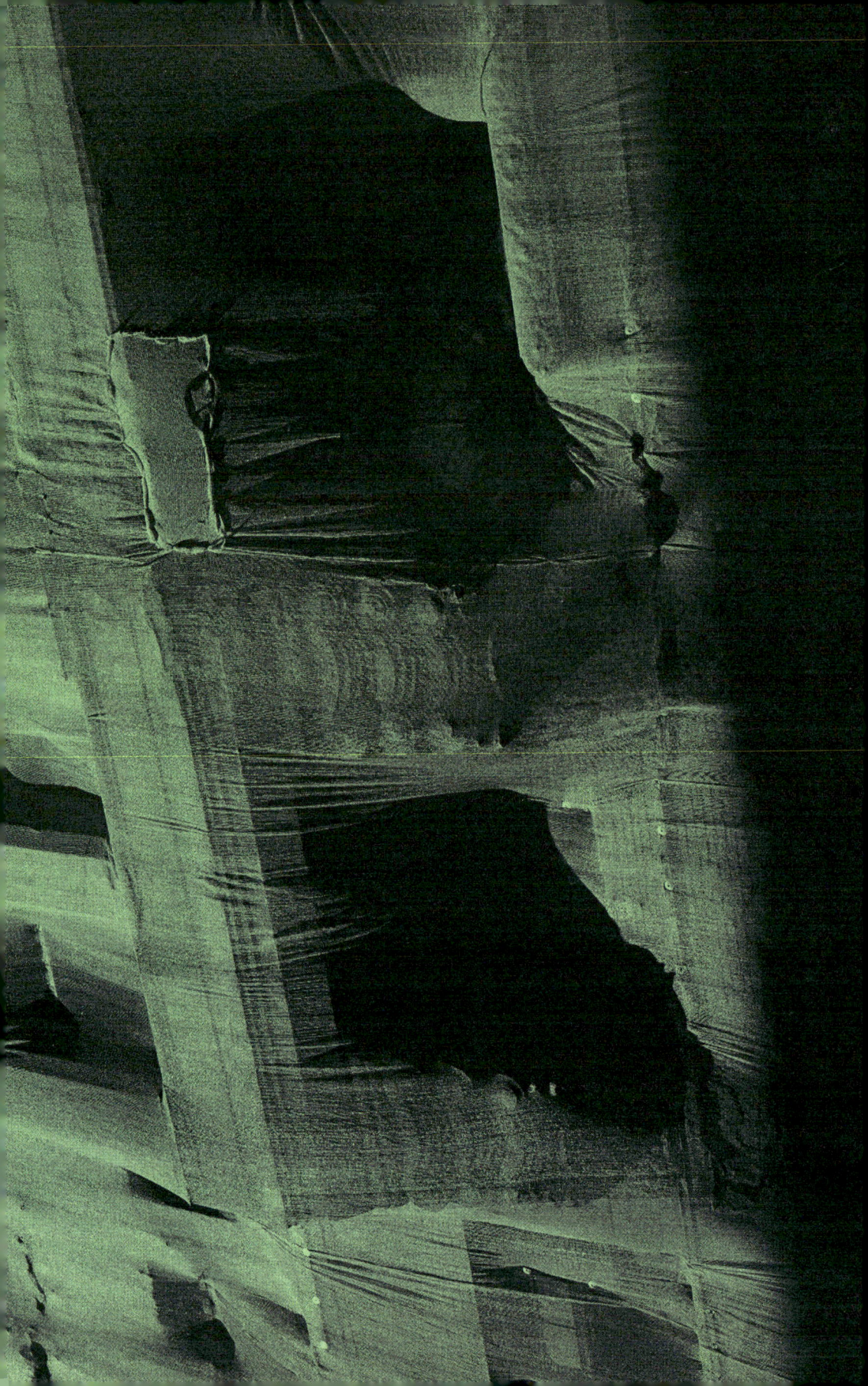

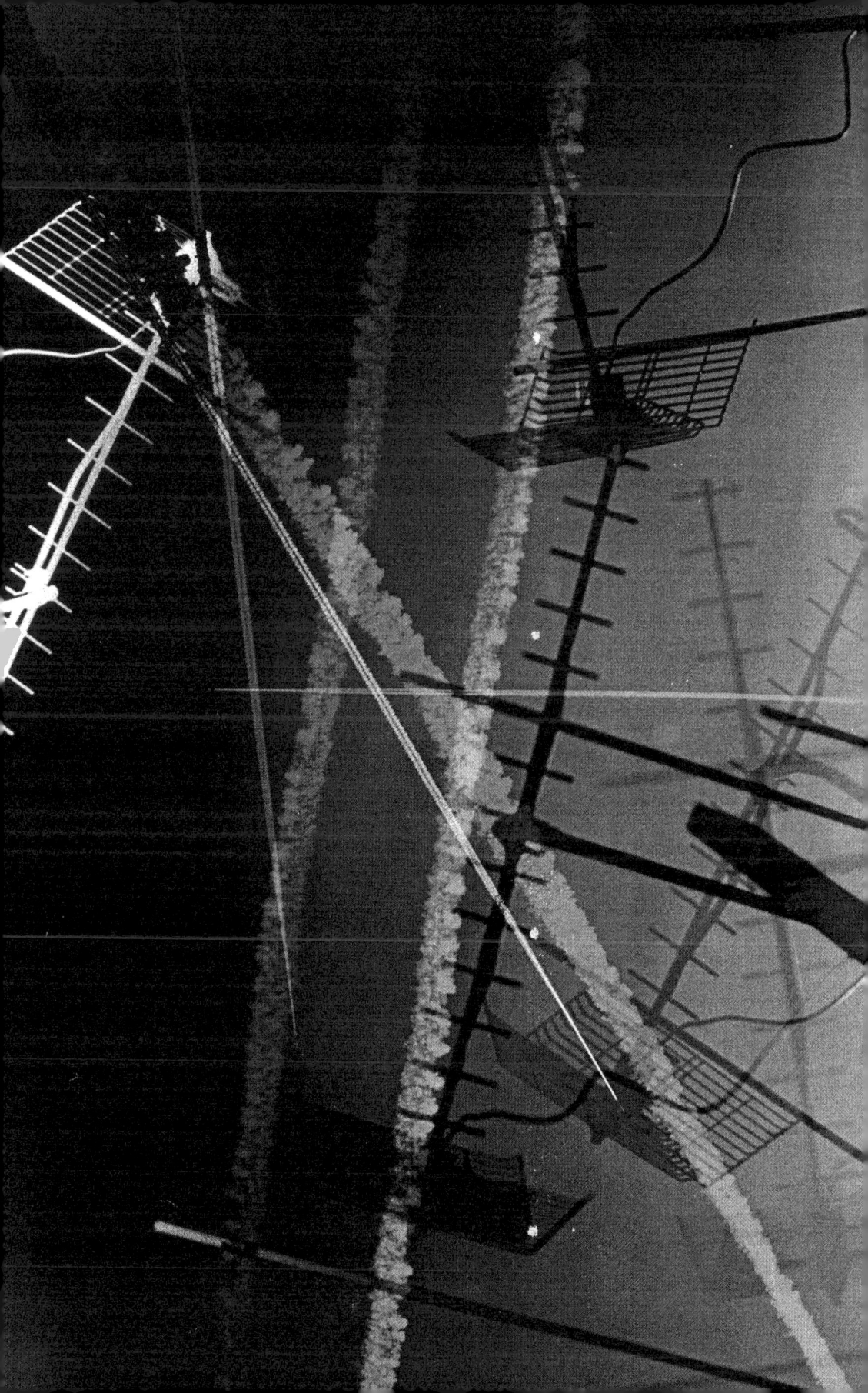

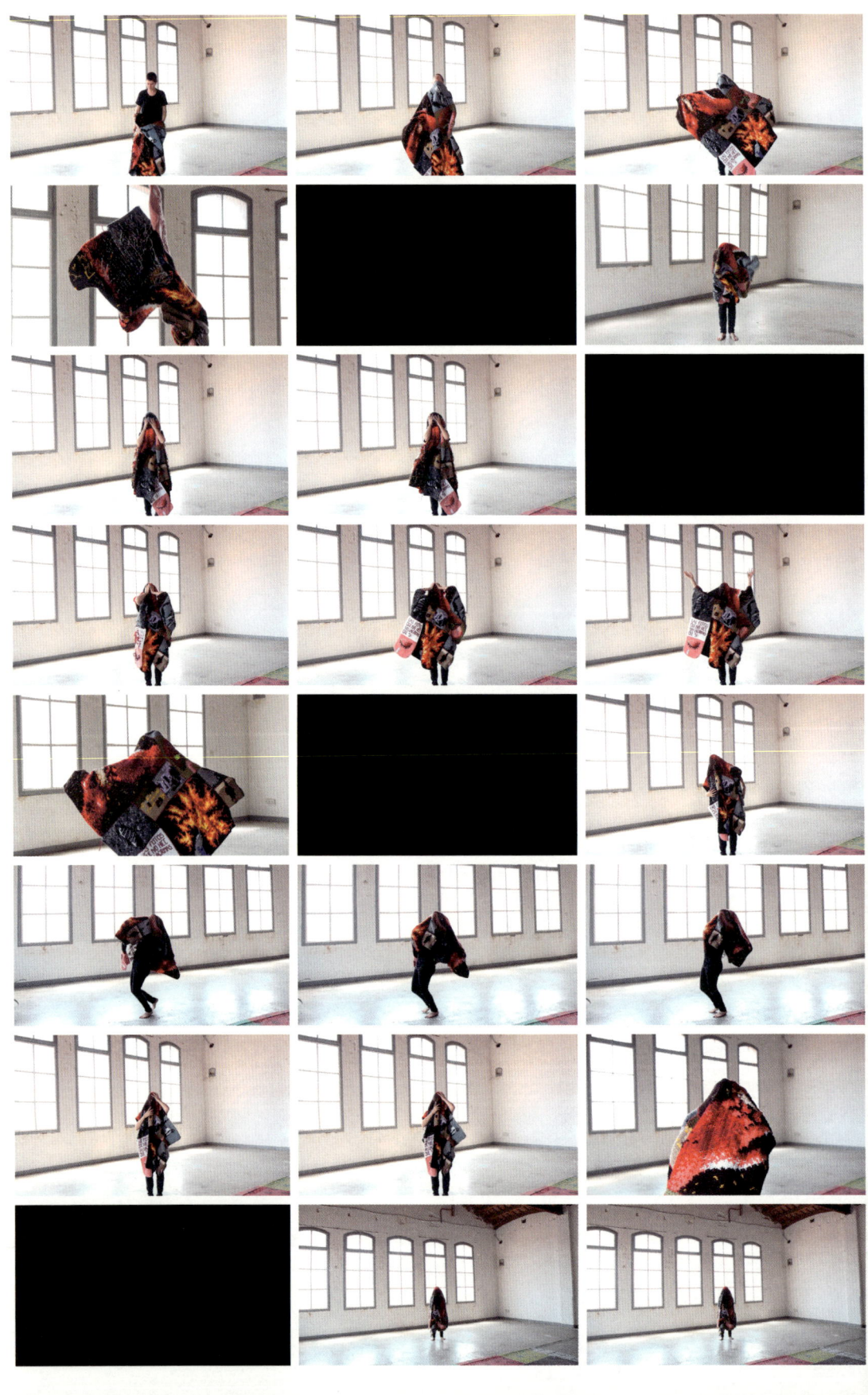

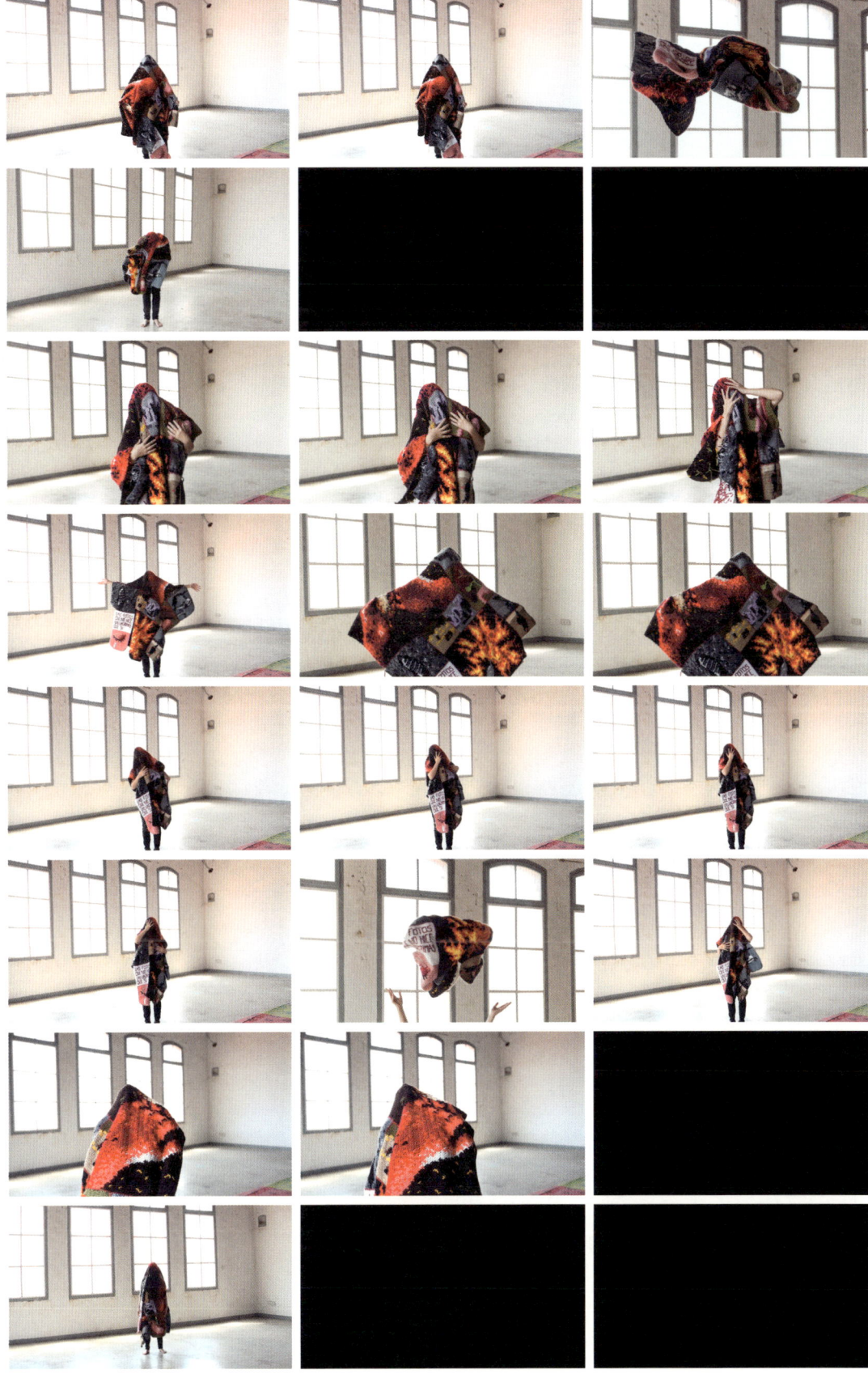

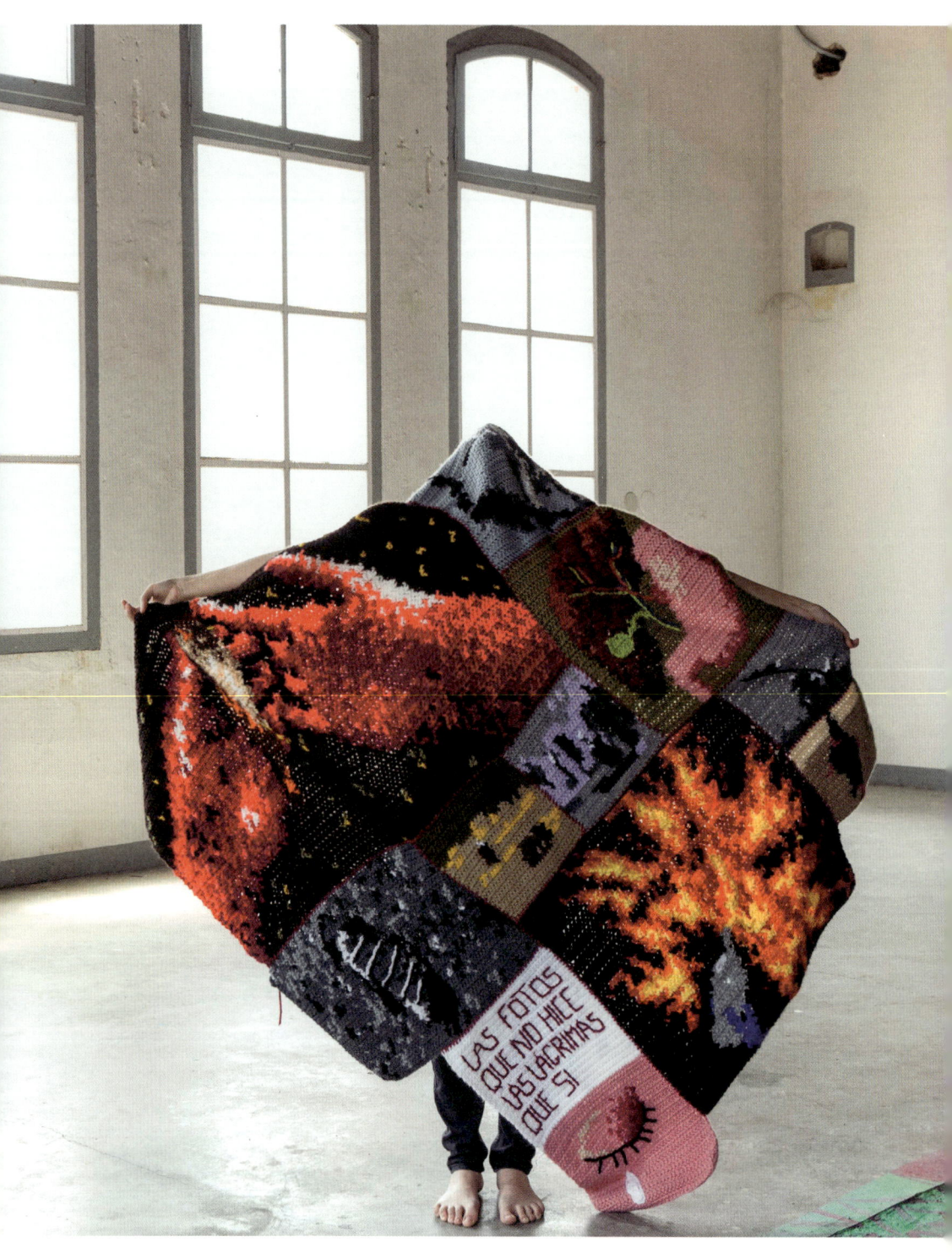

¿hay registro sin alteración?
la elección
Todo es una toma de decisiones

                                    romperse
                                  deshilarse
                                       arder
                        somos el fuera de campo

¿nuestras fotografías son un escaparate
sobre nuestro pensamiento?
¿Qué quiero que veas?
¿Qué quiero que veas?

        ¿algún tipo de comunicación puede ser
                                     objetiva?
                        de la ficción a lo real
                        de lo real a la ficción

no quiero ser
ya no quiero ser fotoperiodista

                          La fotografía es
                          un pensamiento
                               una manta
                   que a veces me arrulla
                        y otras me pica

la mirada
¿Qué miro atentamente?
atentamente

---

hi ha registre sense alteració?
l'elecció
Tot és una presa de decisions

                                    trencar-se
                                   desfilar-se
                                        cremar
                           som el fora de camp

les nostres fotografies són un aparador
sobre el nostre pensament?
Què vull que vegis?
Què vull que vegis?

          algun tipus de comunicació pot ser
                                     objectiva?
                        de la ficció a allò real
                          del real a la ficció

no vull ser
ja no vull ser fotoperiodista

                           La fotografia és
                           un pensament
                                una manta
                   que de vegades m'arrulla
                          i altres em pica

la mirada
Què miro atentament?
atentament

EXPOSICIÓN / EXPOSICIÓ

Coordinación / Coordinació
Carolina Ciuti

Dirección de montaje e iluminación /
Direcció del muntatge i il·luminació
Pedro Benito Albarrán

Diseño expositivo / Disseny expositiu
laura aranda lavado, Estefania Bedmar, Carolina
Ciuti, Alain Rojas Pastor, Malu Reigal

Diseño de la gráfica / Disseny de la gràfica
gráfica futura

Seguros / Assegurances
MAPFRE Seguros de Empresas
Compañía de Seguros y Reaseguros

CATÁLOGO / CATÀLEG

Coordinación / Coordinació
Carolina Ciuti

Departamento de Publicaciones /
Departament de Publicacions
Raúl González Beneyto

Edición de los textos / Edició dels textos
Mariola Gómez Laínez

Traducciones / Traduccions
Mercè Bolló, Barcelona Kontext (del castellano
al catalán / del castellà al català)

Diseño y maquetación / Disseny i maquetació
gráfica futura

Fotomecánica / Fotomecànica
Lucam

Impresión y encuadernación /
Impressió i enquadernació
Brizzolis

Imágenes de sobrecubierta /
Imatges de sobrecoberta
laura aranda lavado, *Yo también quise ser Robert Capa,
pero no hacer sus fotos*, 2021-2023

Todas las imágenes de esta publicación pertenecen al
proyecto *Yo también quise ser Robert Capa, pero no hacer
sus fotos* (2021-2023), que comprende fotografías
digitales e imágenes de archivo.

Totes les imatges d'aquesta publicació pertanyen al
projecte *Yo también quise ser Robert Capa, pero no
hacer sus fotos* (2021-2023), que comprèn fotografies
digitals i imatges d'arxiu.

© de las fotografías / de les fotografies,
laura aranda lavado
© de los textos / dels textos,
sus autores / els seus autors

De la presente edición / D'aquesta edició
© 2024, Fundación MAPFRE
Área de Cultura
Paseo de Recoletos, 23. 28004 Madrid
www.fundacionmapfre.org

ISBN: 978-84-9844-879-5
ISBN: 978-84-9844-875-7
DL: M-15940-2024

KBr Flama'24

Alain Rojas Pastor
Vestigia

Fundación **MAPFRE**

Vestigia explora la conexión íntima que establecemos con los objetos que acumulamos a lo largo de la vida. Mediante la captura de 57 reliquias personales de la madre del autor (aquí solo se muestran algunas) y las historias que las acompañan, esta serie ilustra cómo los objetos pueden convertirse en portadores de recuerdos y emociones, sirviendo como puentes hacia el pasado.

Aquí, cada reliquia atesora la memoria de momentos íntimos y significativos para la madre del artista. Representan un vínculo físico entre personas, lugares y experiencias que dejaron una huella indeleble en su vida, desde una gasa hospitalaria que humedeció los labios de su hermano en sus últimos momentos, hasta restos biológicos, como los cordones umbilicales de sus hijos, o incluso una pluma de periquito que evoca el recuerdo de un aborto. También se incluyen objetos cotidianos, como un pañuelo con el aroma de su madre, un peine que aún contiene restos de cuero cabelludo, y flores secas junto con copas de un brindis de despedida.

Del mismo modo, *Vestigia* aborda temas universales como la memoria, la pérdida, la vida, la muerte, la conexión humana, el tiempo y la inmortalidad. El proyecto juega con la polisemia de la palabra «inmortalizar», transformándose en una propuesta recursiva, una especie de matrioska que saca a relucir el profundo significado detrás de cada objeto. Como dice el autor, «mi madre, sin cámara, ha fotografiado durante décadas su vida, manteniendo inmortales a sus seres queridos y acontecimientos a través de sus vestigios. Yo, esta vez sí con cámara y lente, he inmortalizado su forma única de ver el mundo, fotografiándola».

A través de estas imágenes y las historias que las acompañan, *Vestigia* busca despertar nostalgia y curiosidad en el espectador, y fomentar una mayor apreciación por los objetos que nos rodean como testimonios de nuestra historia personal.

VESTIGIA
ALAIN ROJAS PASTOR

Vestigia explora la connexió íntima que establim amb els objectes que acumulem al llarg de la vida. Mitjançant fotografies de 57 relíquies personals de la mare de l'autor (aquí només se'n mostren unes quantes) i les històries que les acompanyen, aquesta sèrie il·lustra com els objectes poden esdevenir portadors de records i d'emocions i serveixen de ponts cap al passat.

Aquí, cada relíquia tresoreja la memòria d'uns moments íntims i significatius per a la mare de l'artista. Representen un vincle físic entre persones, llocs i experiències que van deixar una empremta indeleble en la seva vida, des d'una gasa hospitalària que va humitejar els llavis del seu germà en els darrers moments, fins a restes biològiques com els cordons umbilicals dels seus fills, o fins i tot una ploma de periquito que evoca el record d'un avortament. També s'inclouen objectes quotidians, com un mocador amb l'aroma de la seva mare, una pinta que encara conté restes de cuir cabellut i flors seques juntament amb les copes d'un brindis de comiat.

Així mateix, *Vestigia* tracta temes universals com la memòria, la pèrdua, la vida, la mort, la connexió humana, el temps i la immortalitat. El projecte juga amb la polisèmia de la paraula «immortalitzar», transformant-se en una proposta recursiva, una mena de matrioixca que posa sobre la taula el significat profund que hi ha darrere de cada objecte. Com diu l'autor, «la meva mare, sense càmera, ha fotografiat durant dècades la seva vida, mantenint immortals éssers estimats i esdeveniments a través dels seus vestigis. Jo, aquest cop sí amb càmera i lent, he immortalitzat la seva manera única de veure el món, fotografiant-la».

A través d'aquestes imatges i les històries que les acompanyen, *Vestigia* busca despertar nostàlgia i curiositat en l'espectador, i fomentar l'estimació pels objectes que ens envolten com a testimonis de la nostra història personal.

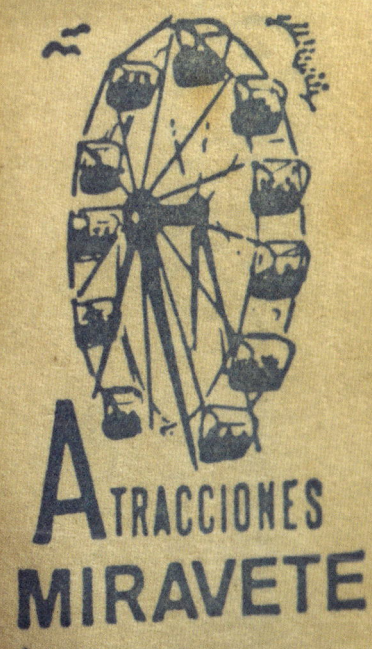

ATRACCIONES
MIRAVETE

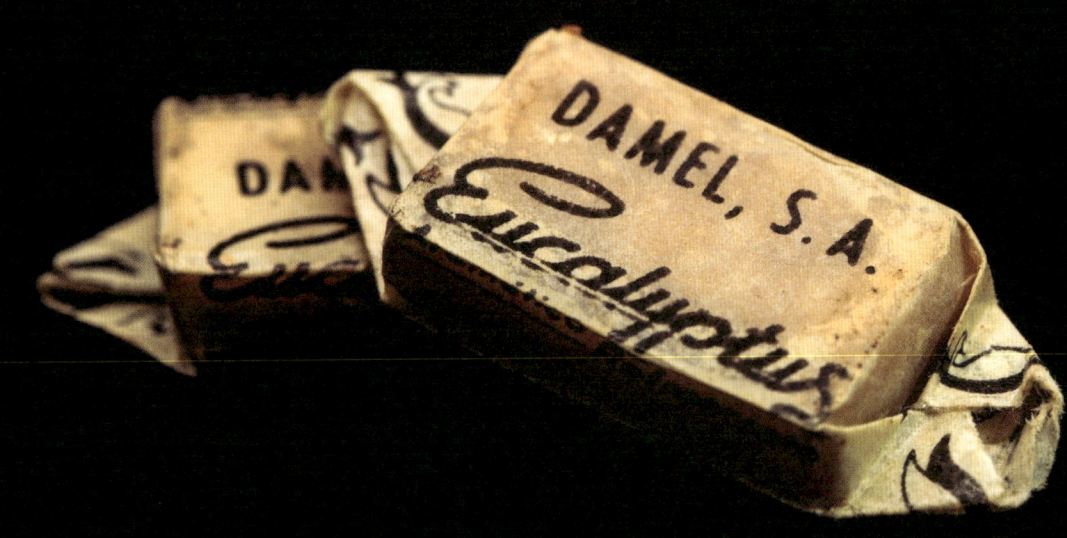

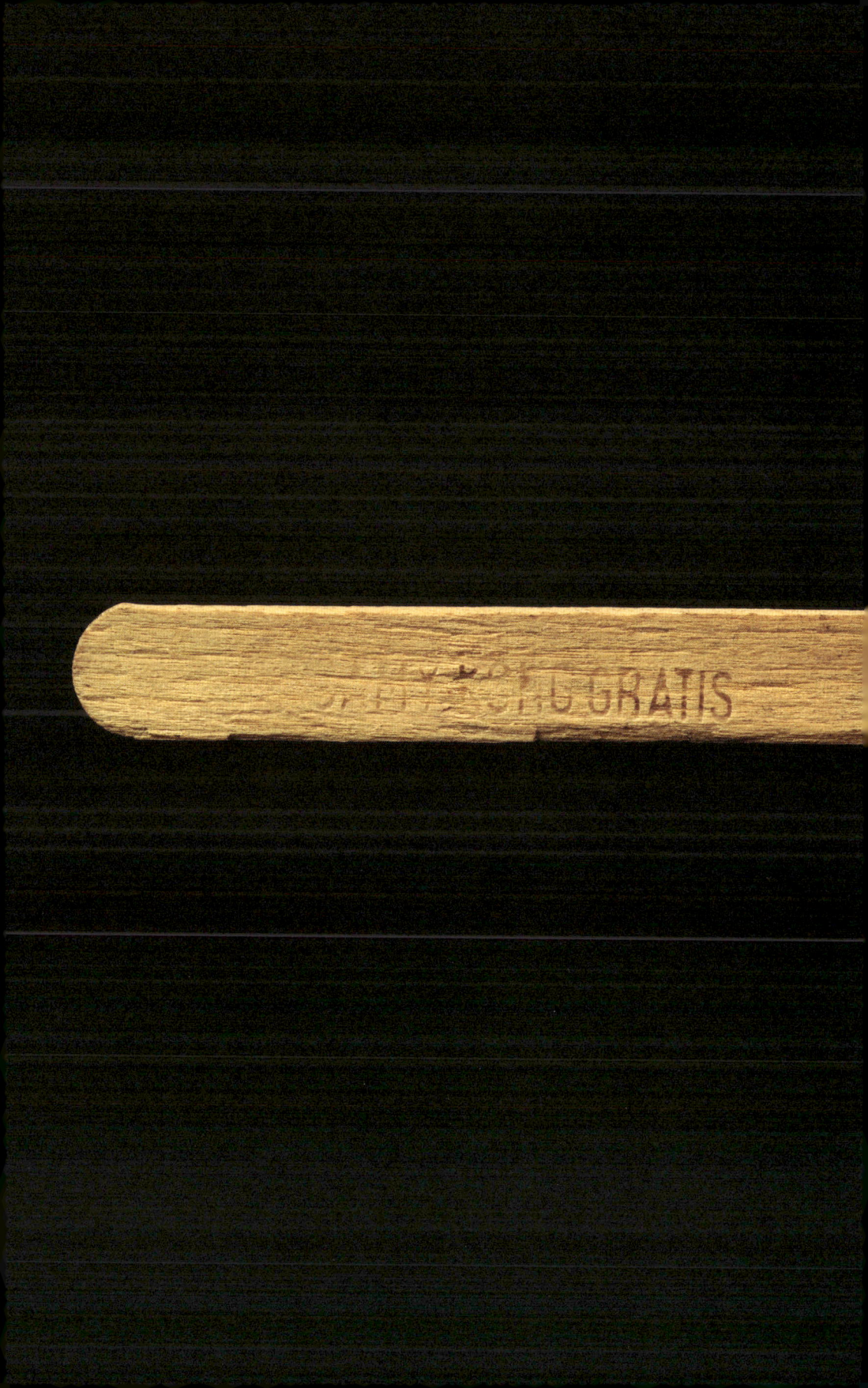

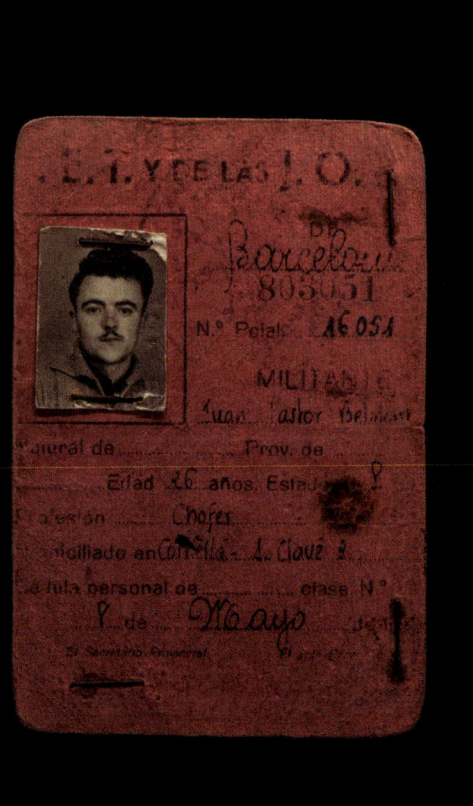

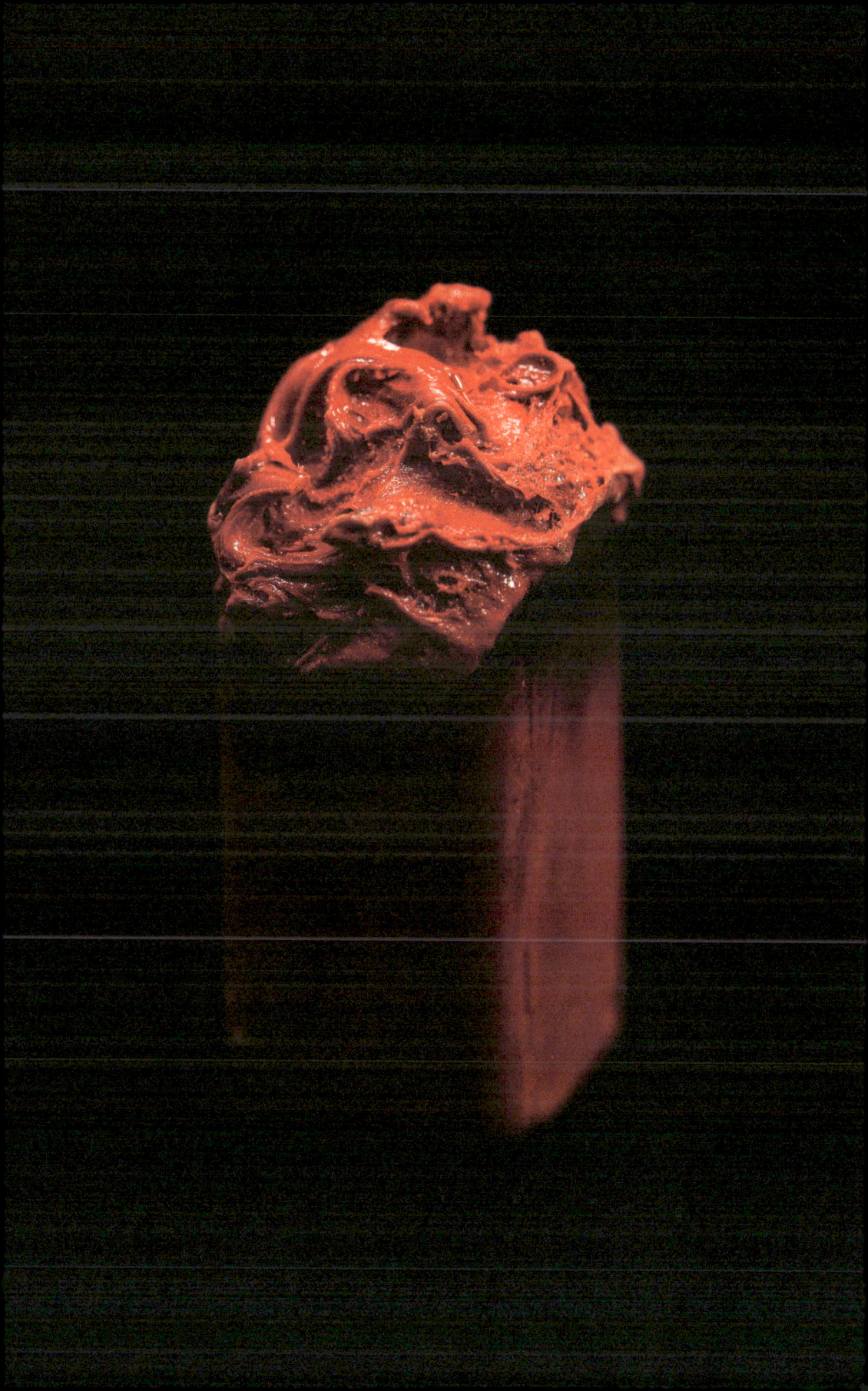

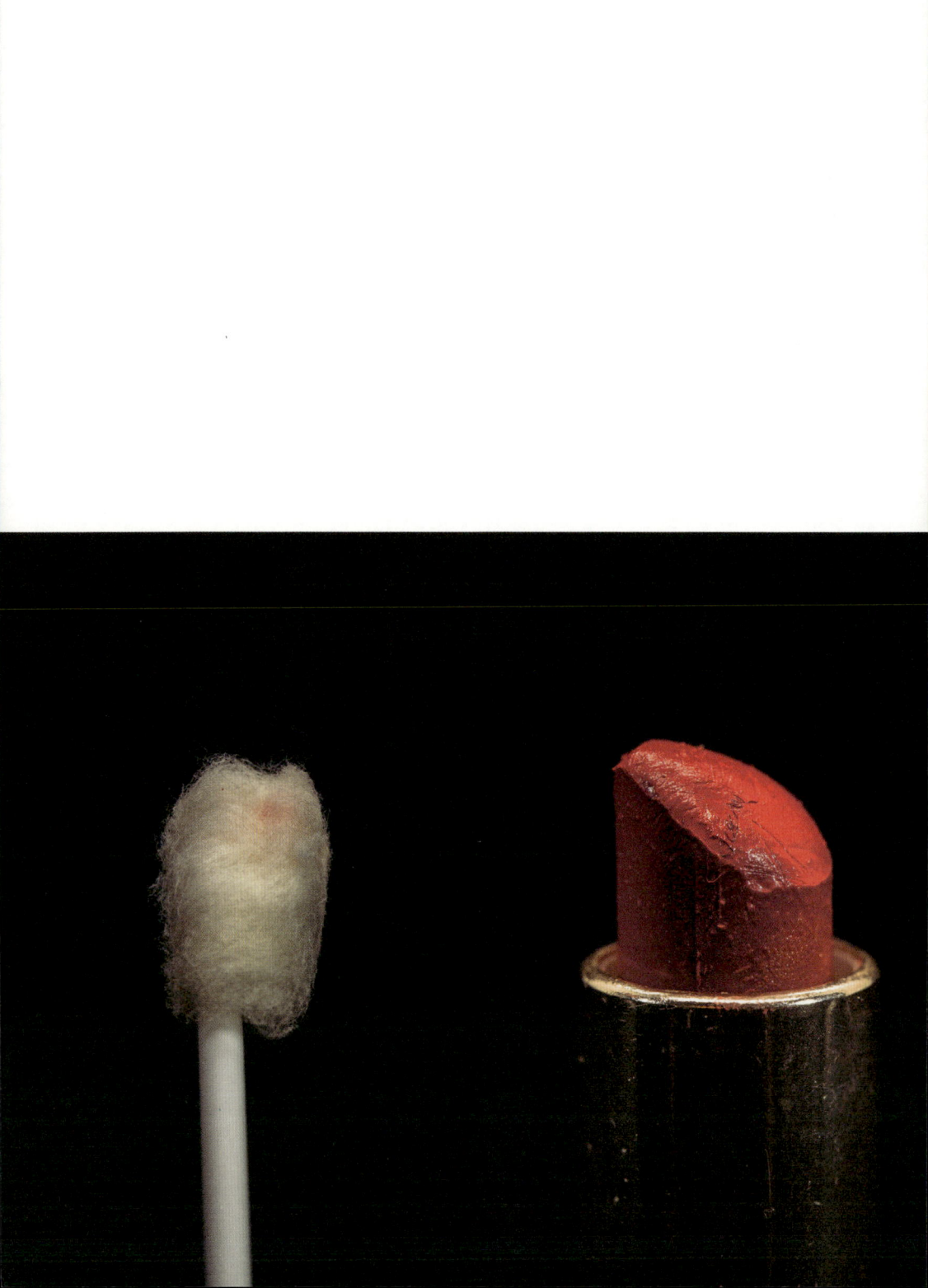

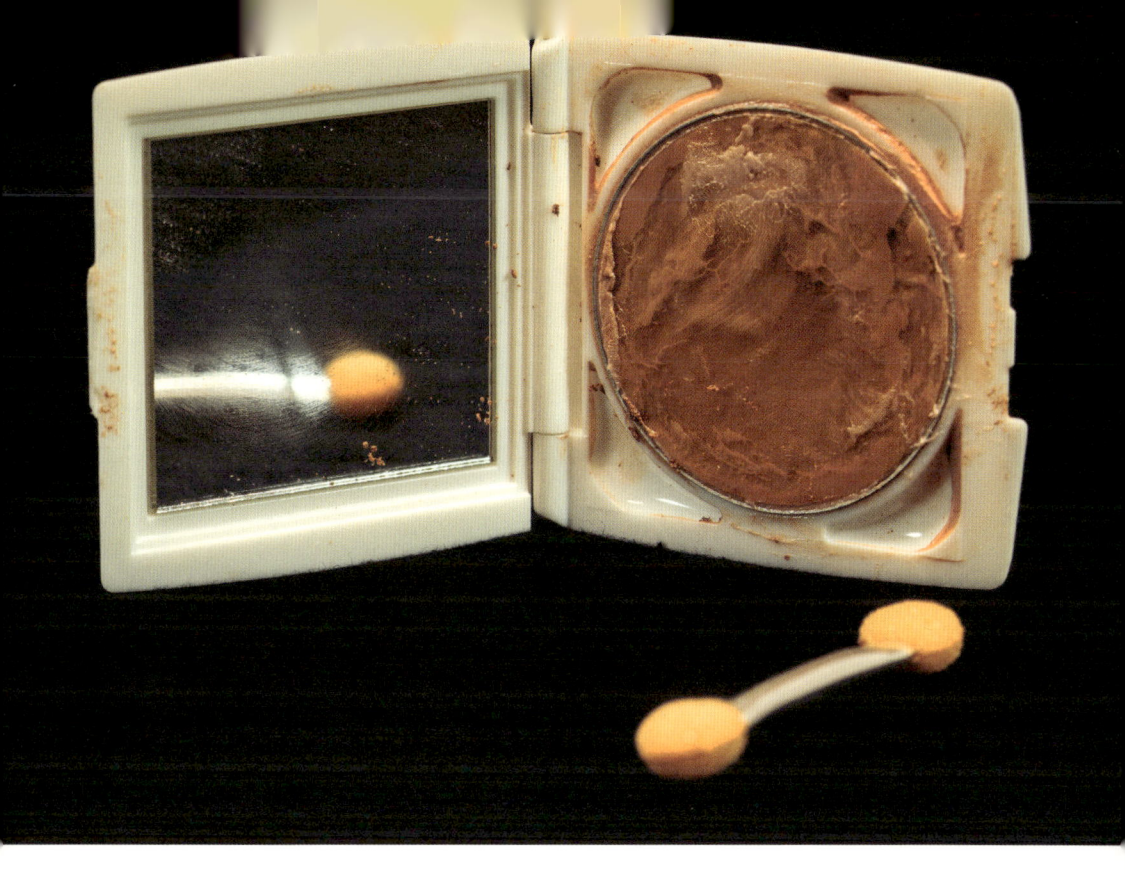

«Mi madre murió en 2005 y, de todo lo que conservo de ella, lo único que todavía mantiene su particular olor es un pañuelo de cuello que conservo en su bolsa original, y al que acudo cada vez que necesito sentirme cerca de ella.»

«La meva mare va morir el 2005 i, de tot el que conservo d'ella, l'únic que encara manté la seva olor particular és un mocador de coll que guardo en la seva bossa original, i al qual recorro cada vegada que necessito sentir-me a prop seu.»

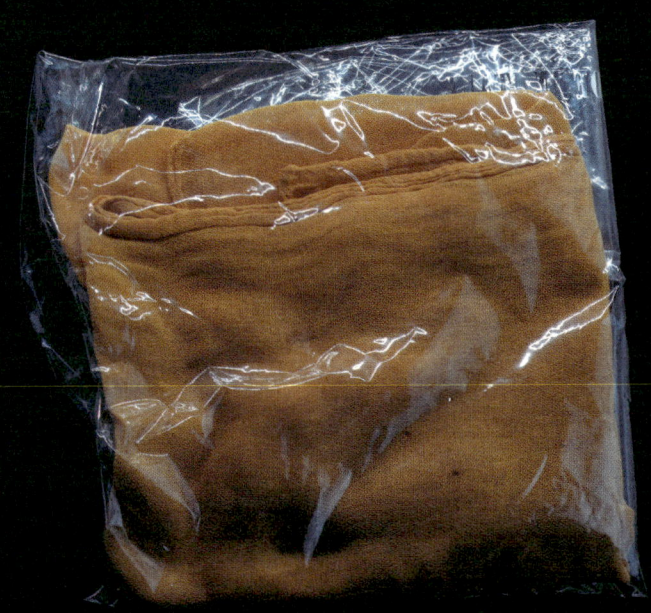

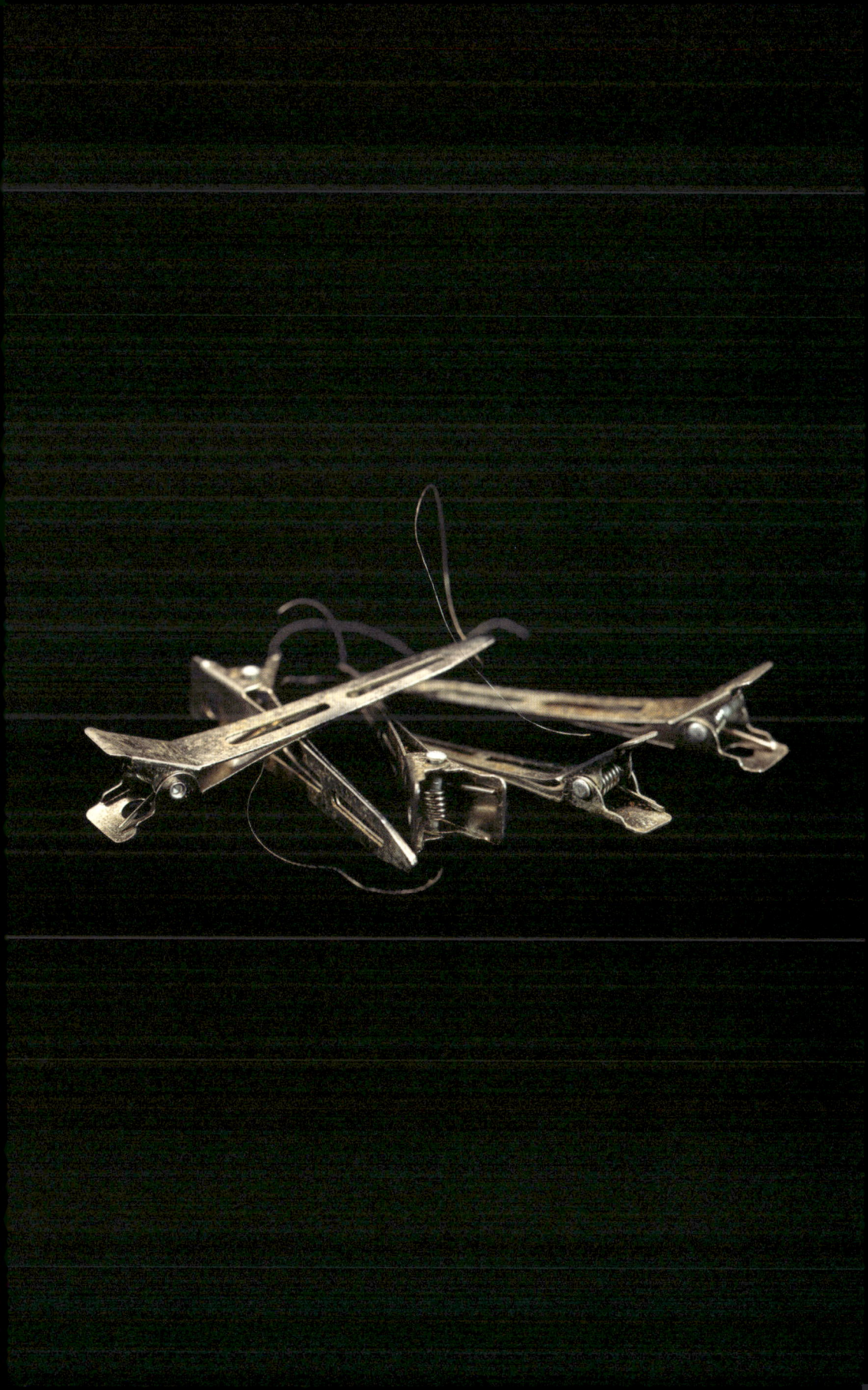

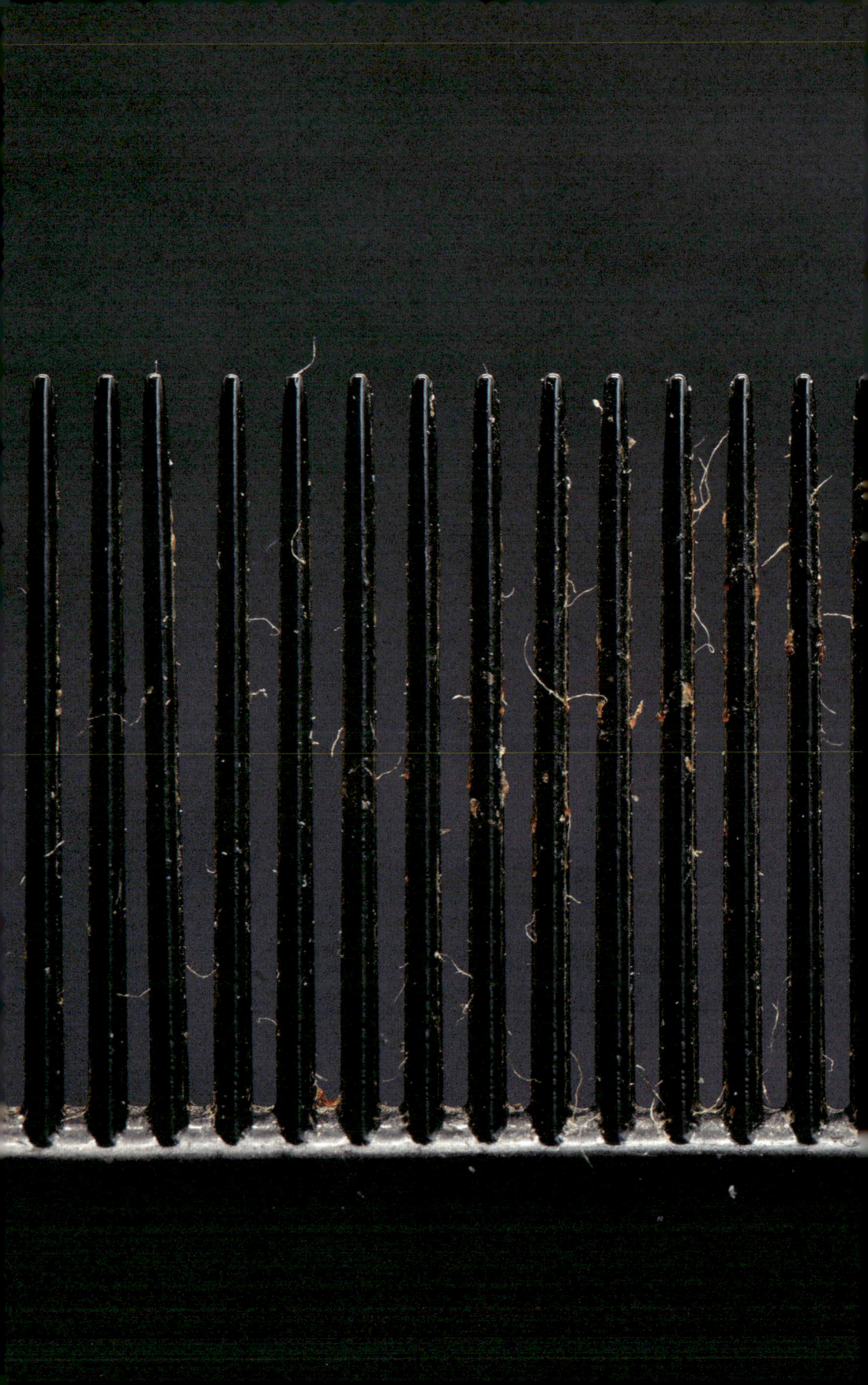

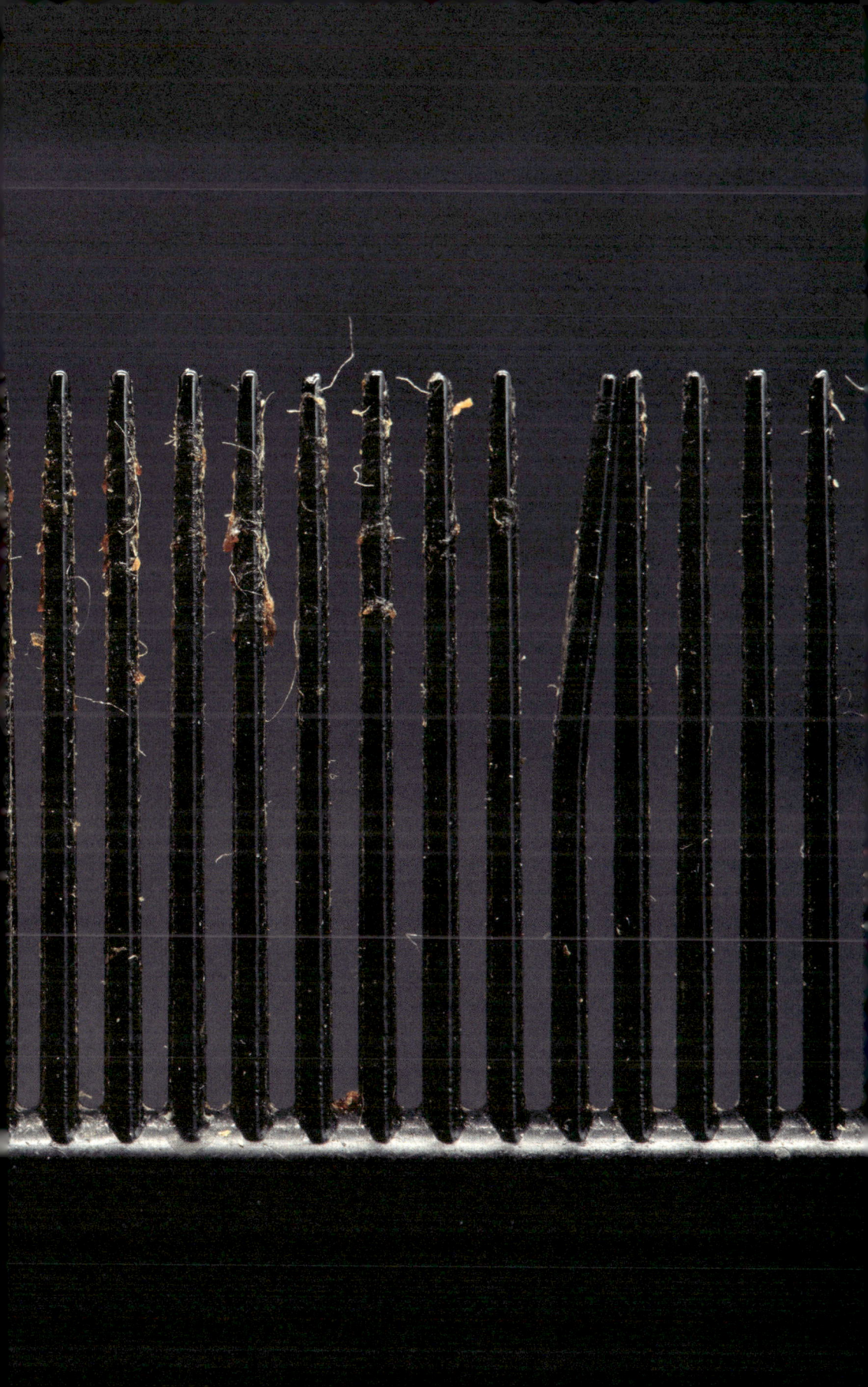

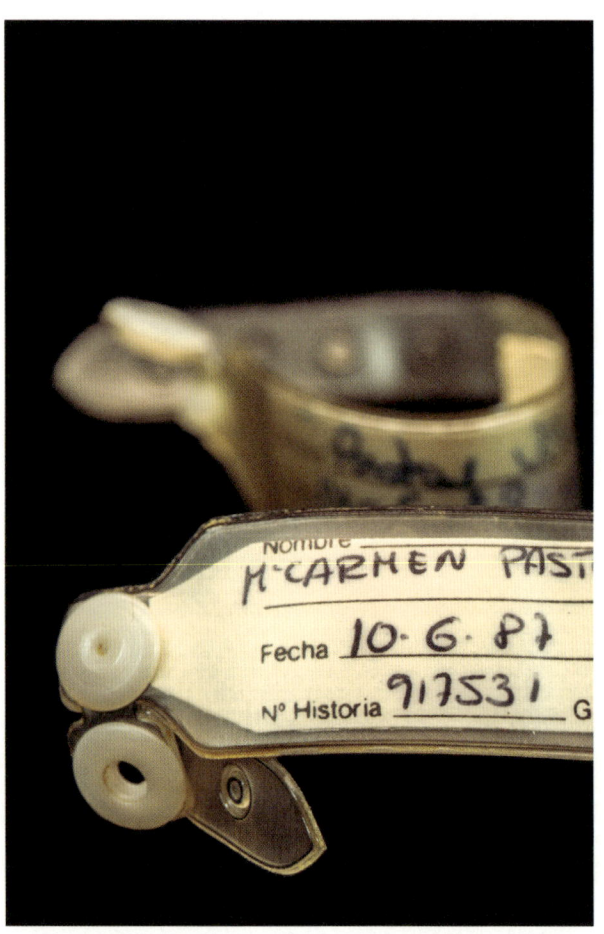

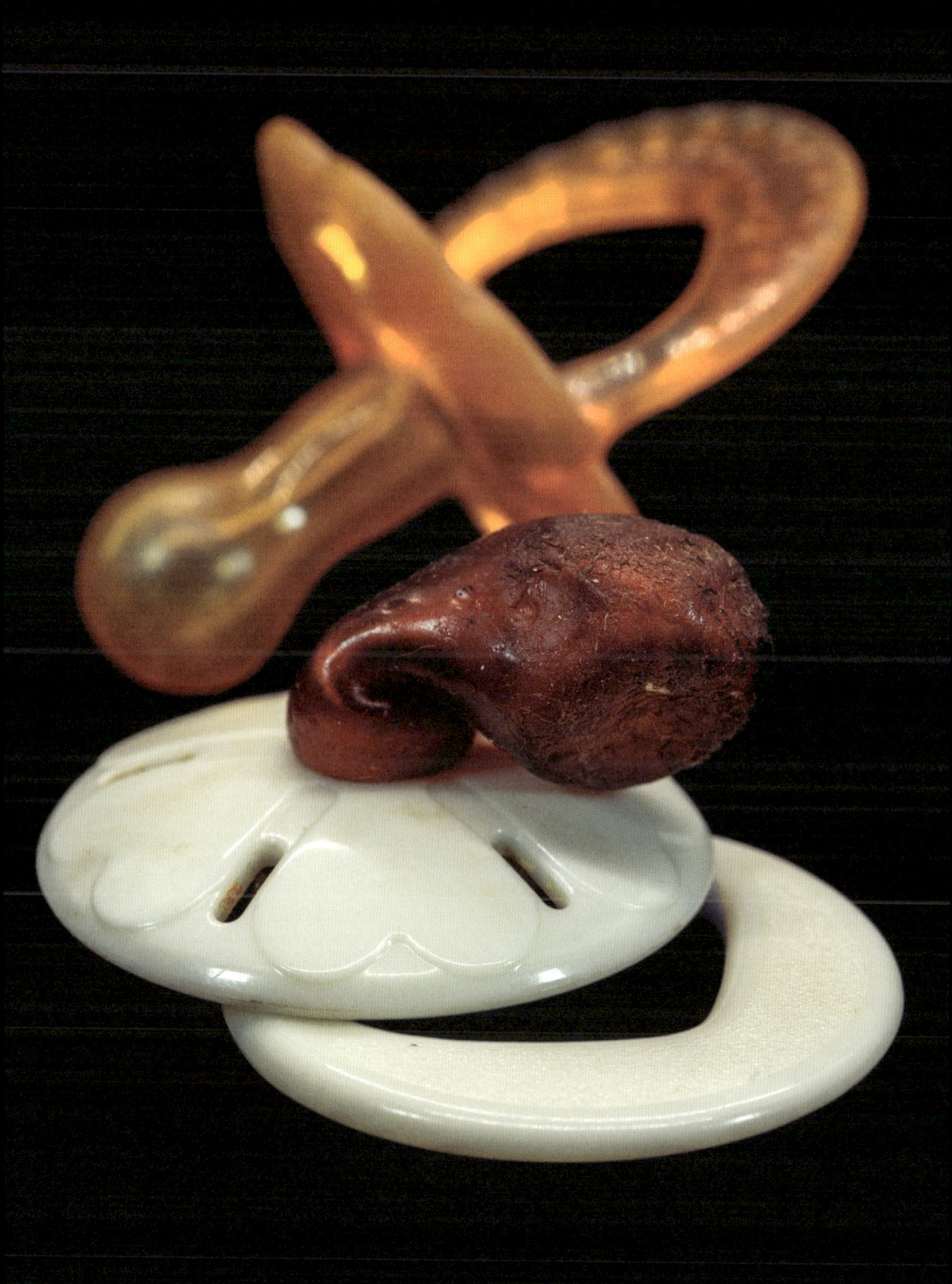

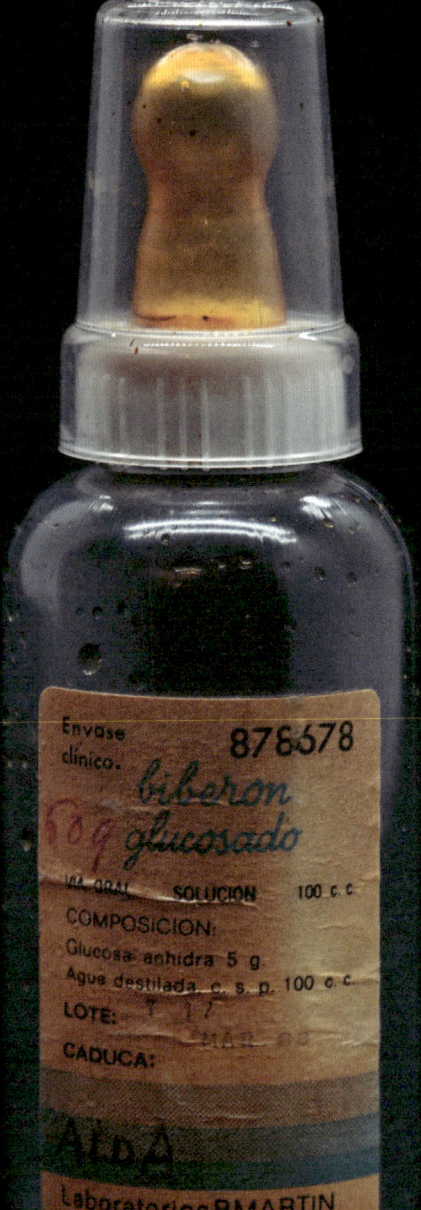

«La maternidad, es un viaje maravilloso y desafiante que transforma por completo la vida de una mujer. Es un vínculo sagrado y eterno que trasciende al tiempo y que se forma desde el momento en que sabes que llevas una vida dentro de ti y cuyo amor incondicional va a más con cada patadita, cada ecografía y cada momento de conexión con ese ser que está creciendo en tu interior. Aún conservo la prueba física del inicio de ese vínculo inmortal.»

«La maternitat és un viatge meravellós i desafiador que transforma del tot la vida d'una dona. És un vincle sagrat i etern que transcendeix el temps i que es forma des del moment que saps que duus dins teu una vida, i l'amor incondicional creix amb cada puntada de peu, cada ecografia i cada moment de connexió amb aquest ésser que està creixent dins teu. Encara conservo la prova física de l'inici d'aquest vincle immortal.»

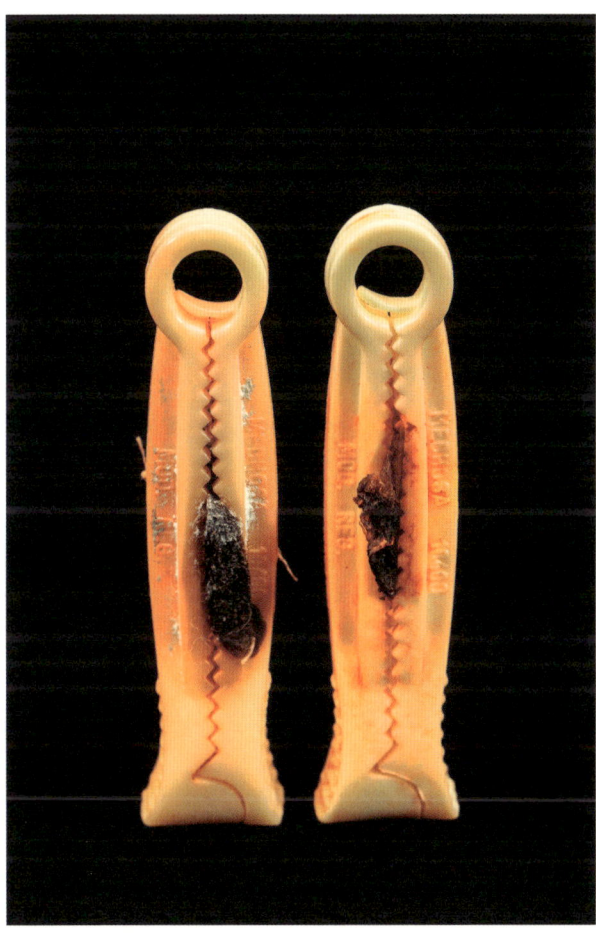

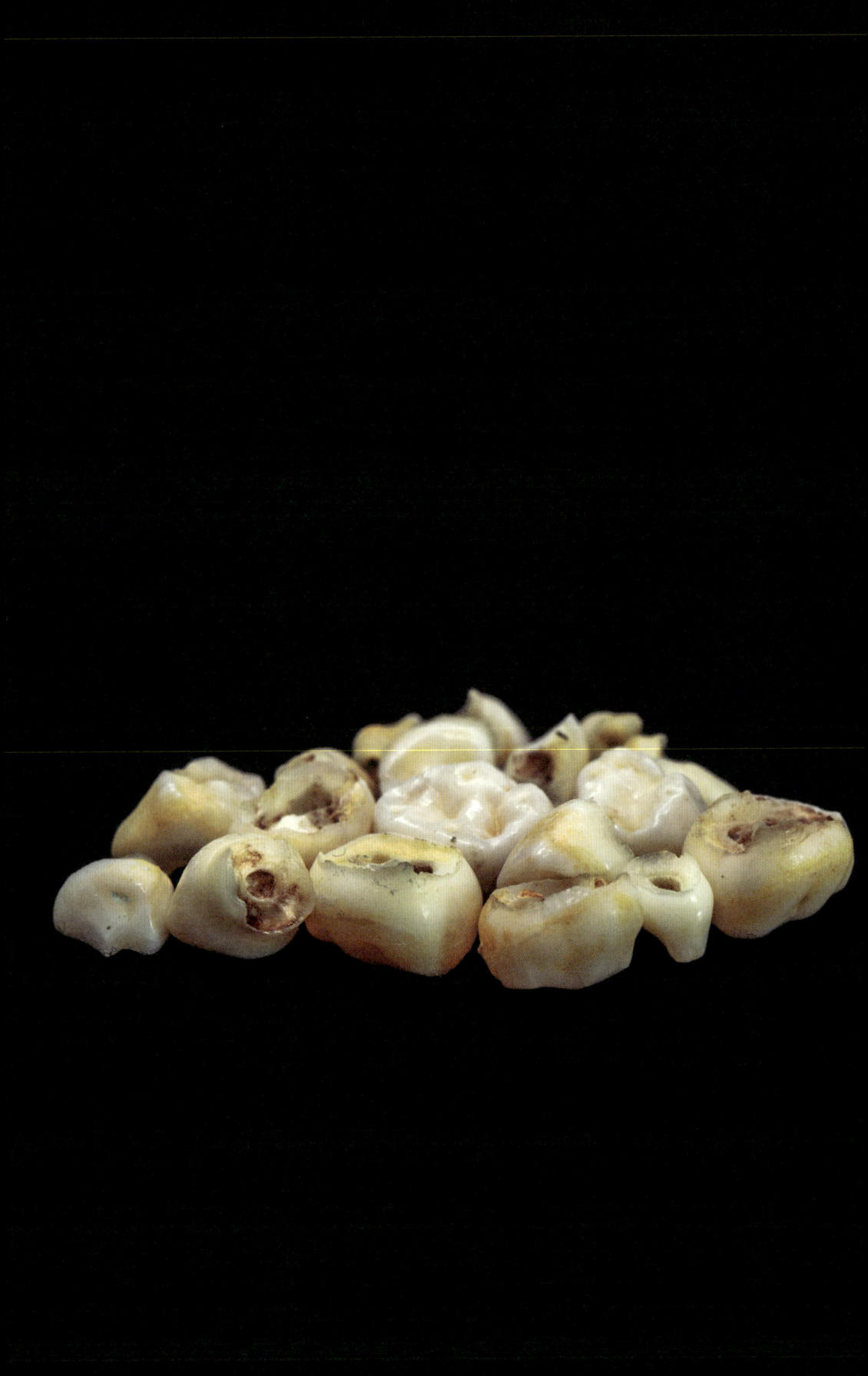

«Soy una persona muy nostálgica, que da valor a cosas que posiblemente pasarían inadvertidas para otros. Supongo que esa manera de ser es la que me lleva a recordar vívidamente la primera vez que corté las uñas de mis hijos, o la primera vez que les corté el pelo.»

«Soc una persona molt nostàlgica, que dona valor a coses que possiblement passarien desapercebudes per a altres. Suposo que és aquesta manera de ser que em fa recordar vivament la primera vegada que vaig tallar les ungles als meus fills, o la primera vegada que els vaig tallar els cabells.»

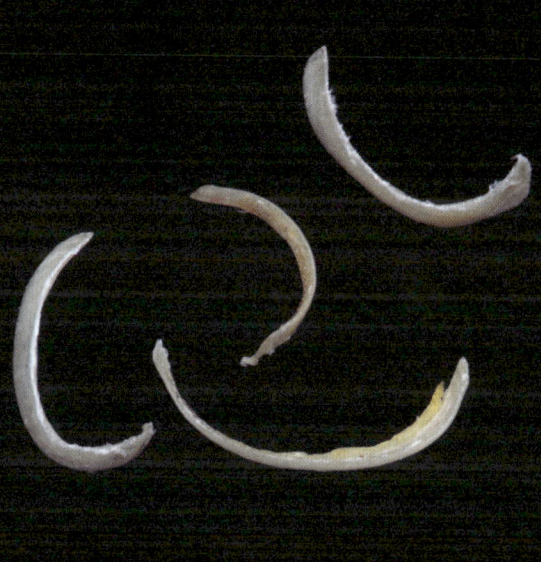
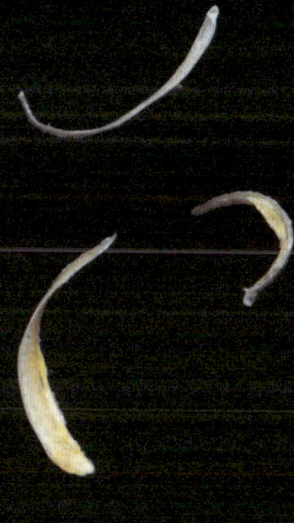

«Mi suegro era lo que suele decirse, genio y figura, aunque también de armas tomar. En un arrebato de ira por el hartazgo de su estancia en el hospital, pocas horas antes de que falleciese, se arrancó de un tirón la vía que tenía puesta, arrojando por la habitación decenas de pequeñas gotas de sangre, algunas de las cuales terminaron aterrizando en la camisa de mi marido. A veces actos fortuitos como estos convierten objetos en reliquias, y esa camisa, que mi marido decidió conservar manchada tal como lo hubiese hecho yo misma, es la prueba de ello.»

«El meu sogre era el que se sol dir geni i figura, i també del morro fort. En un rampell d'ira perquè estava tip d'estar-se a l'hospital, poques hores abans de morir, es va arrencar d'una estrebada la via que tenia posada i es van escampar per l'habitació desenes de petites gotes de sang, algunes de les quals van acabar aterrant a la camisa del meu marit. A vegades, actes fortuïts com aquest converteixen uns objectes en relíquies, i aquella camisa, que el meu marit va decidir conservar tacada tal com jovmateixa hauria fet, n'és la prova.»

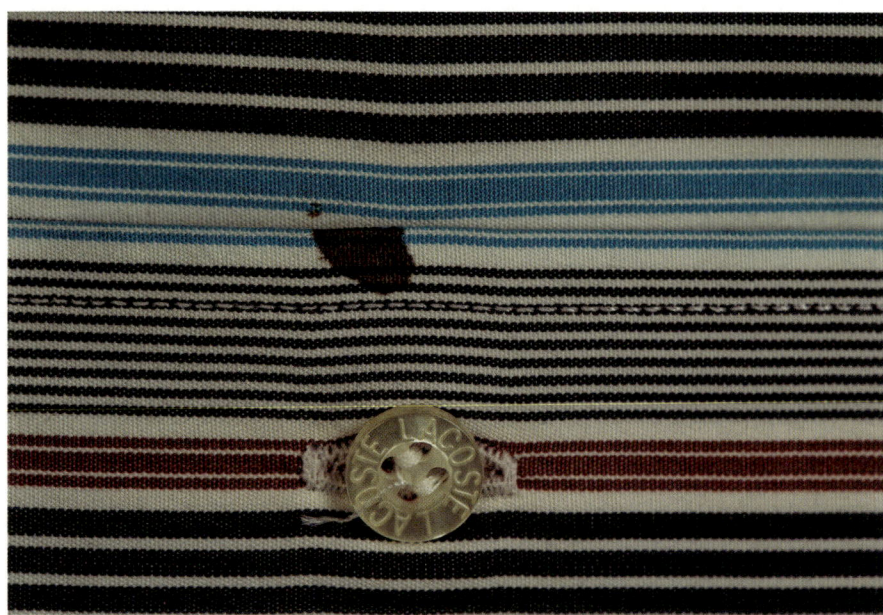

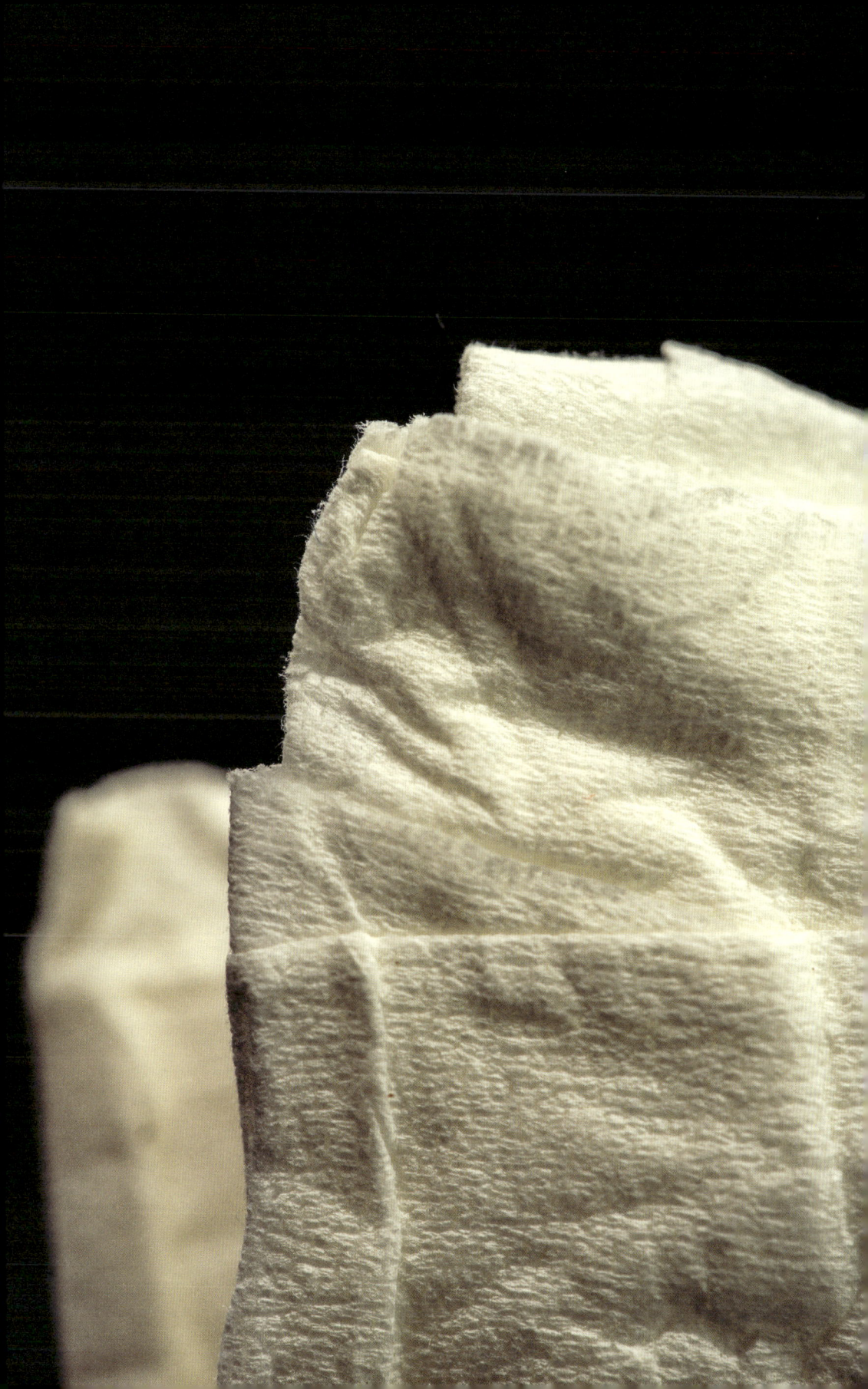

«Mi hermano falleció a causa de la leucemia con 65 años. Durante sus últimas horas, y como efecto de la sedación, noté que sus labios se secaron. Como una última muestra de cariño hacia él, tomé una gasa, la mojé en agua y le humedecí los labios.»

«El meu germà va morir a causa de la leucèmia amb 65 anys. Durant les seves darreres hores, i a causa de la sedació, vaig notar que els seus llavis es van assecar. Com una última mostra d'afecte envers ell, vaig agafar una gasa, la vaig mullar amb aigua i li vaig humitejar els llavis.»

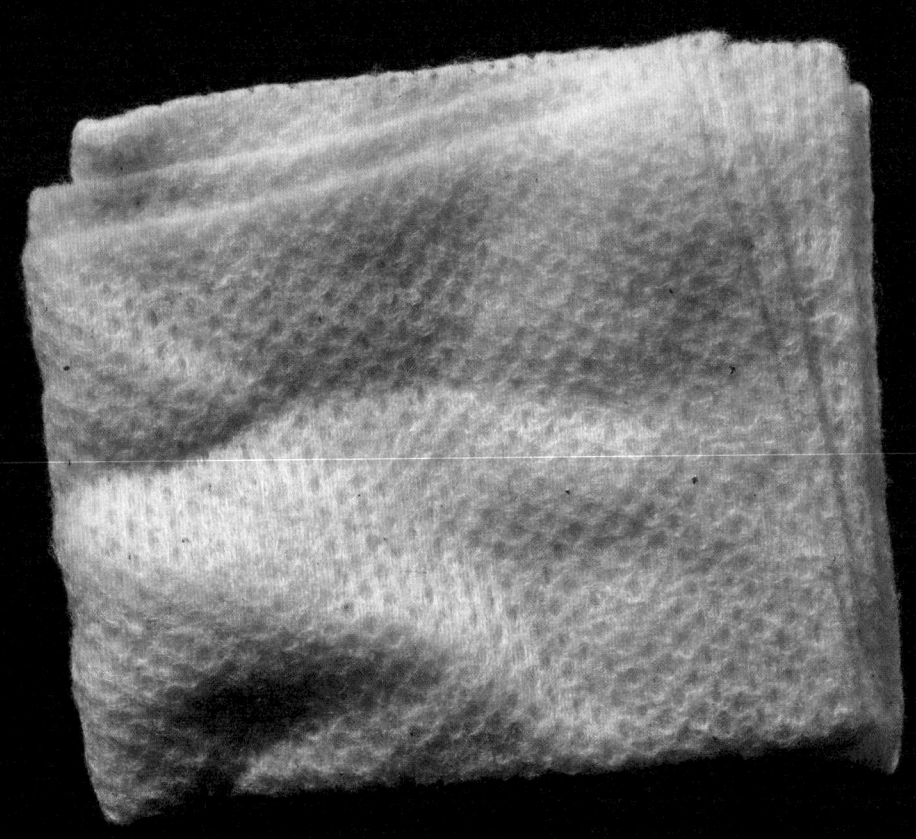

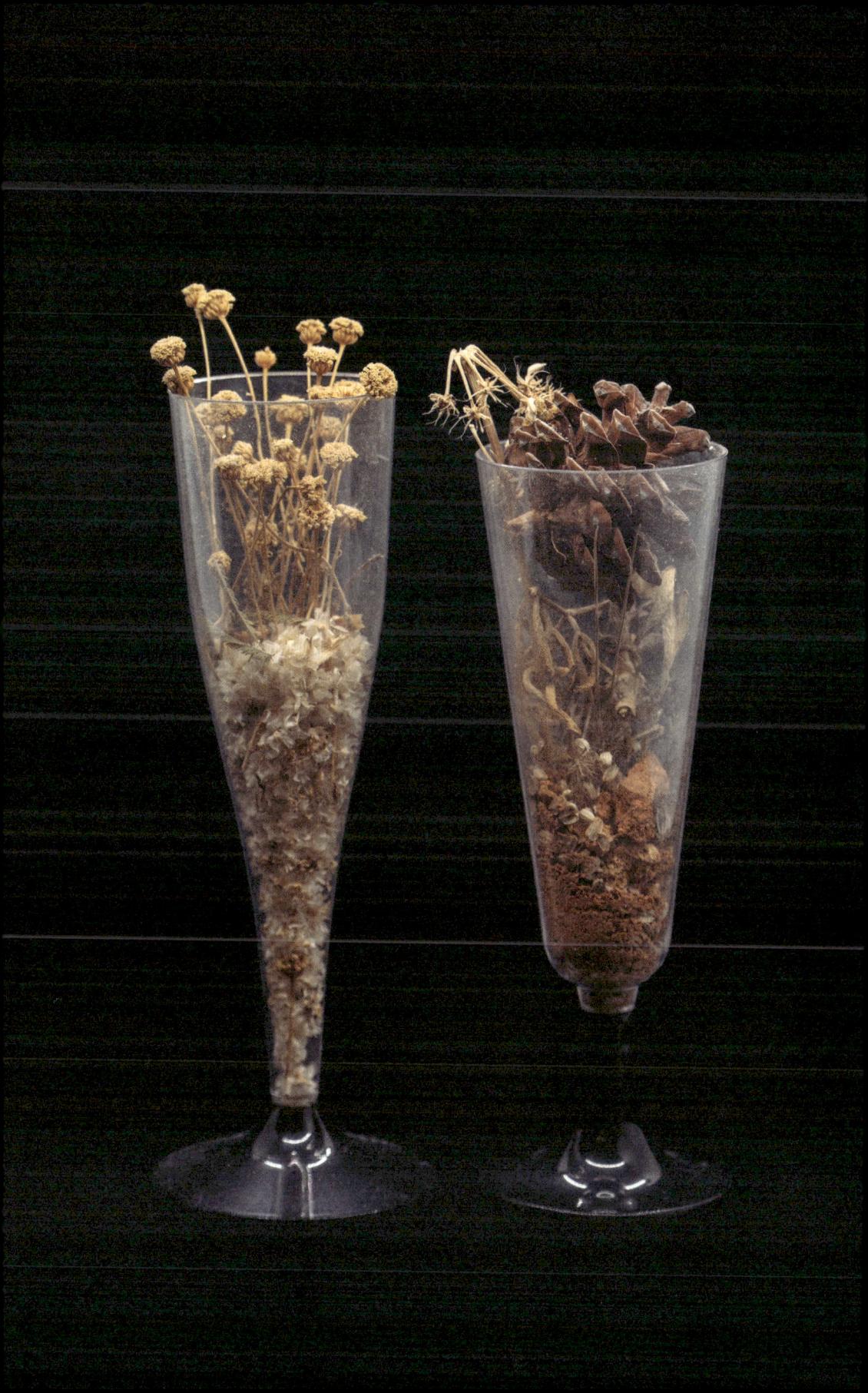

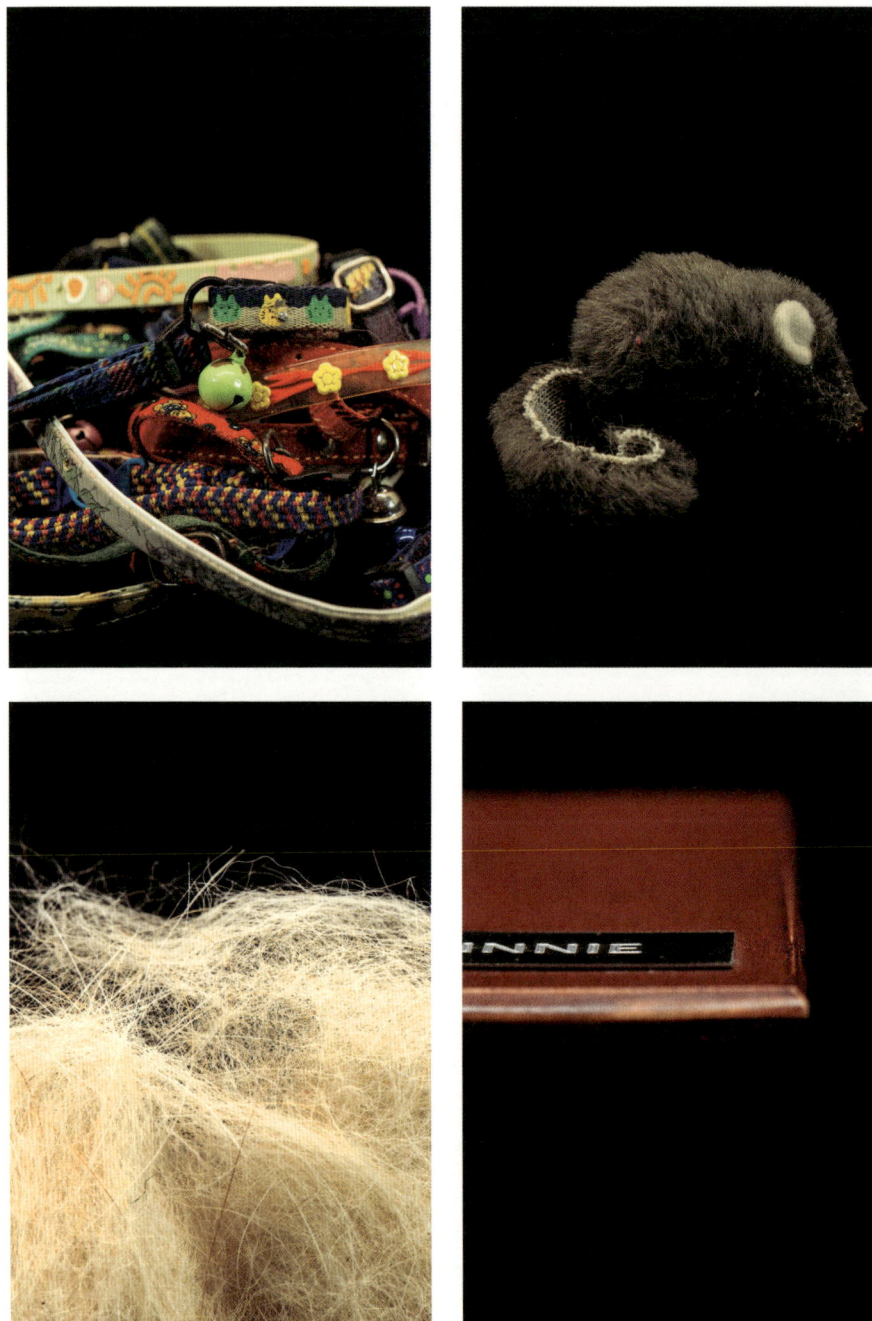

«Cuando estaba embarazada, tuve un periquito, común a ojos del resto, pero especial para mí. Se llamaba Pichi y me conocía, reaccionaba a mi voz cuando llegaba a casa como lo hace un bebé cuando escucha la voz de su madre. Murió repentinamente cuando se le atravesó un huevo. Quise muchísimo a Pichi, y siempre he tenido la convicción de que el disgusto y el dolor de su muerte fueron los causantes de que mi primer embarazo terminase en un aborto. Me resulta curioso pensar que en cierta manera ambos tuvimos un aborto.»

«Quan estava embarassada, vaig tenir un periquito que per als altres era comú, però especial per a mi. Es deia Pichi i em coneixia, reaccionava a la meva veu quan arribava a casa com ho fa un bebè en sentir la veu de la mare. Va morir sobtadament quan se li va entravessar un ou. Vaig estimar molt en Pichi, i sempre he tingut la convicció que el disgust i el dolor de la seva mort van ser la causa que el meu primer embaràs acabés en un avortament. Em sembla curiós pensar que en certa manera tots dos vam tenir un avortament.»

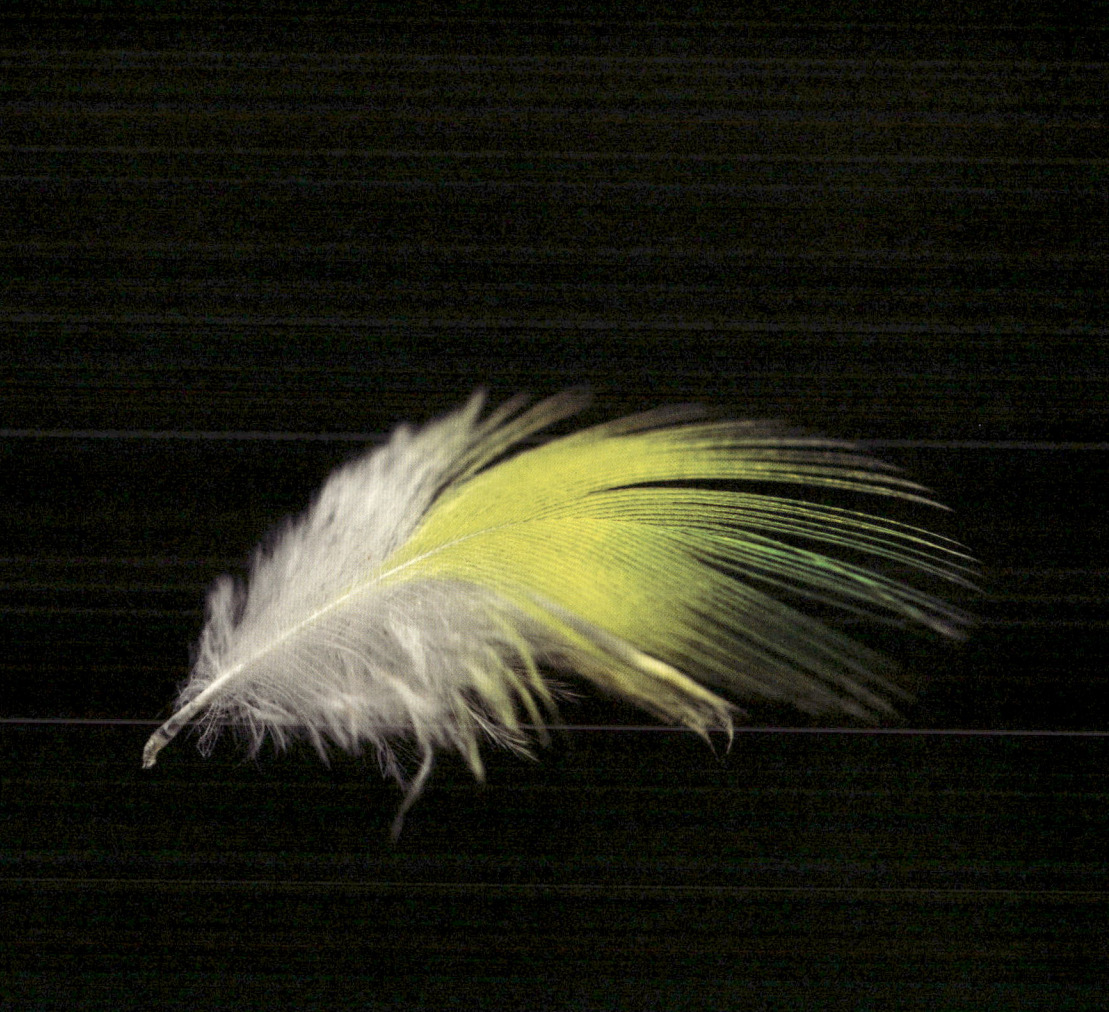

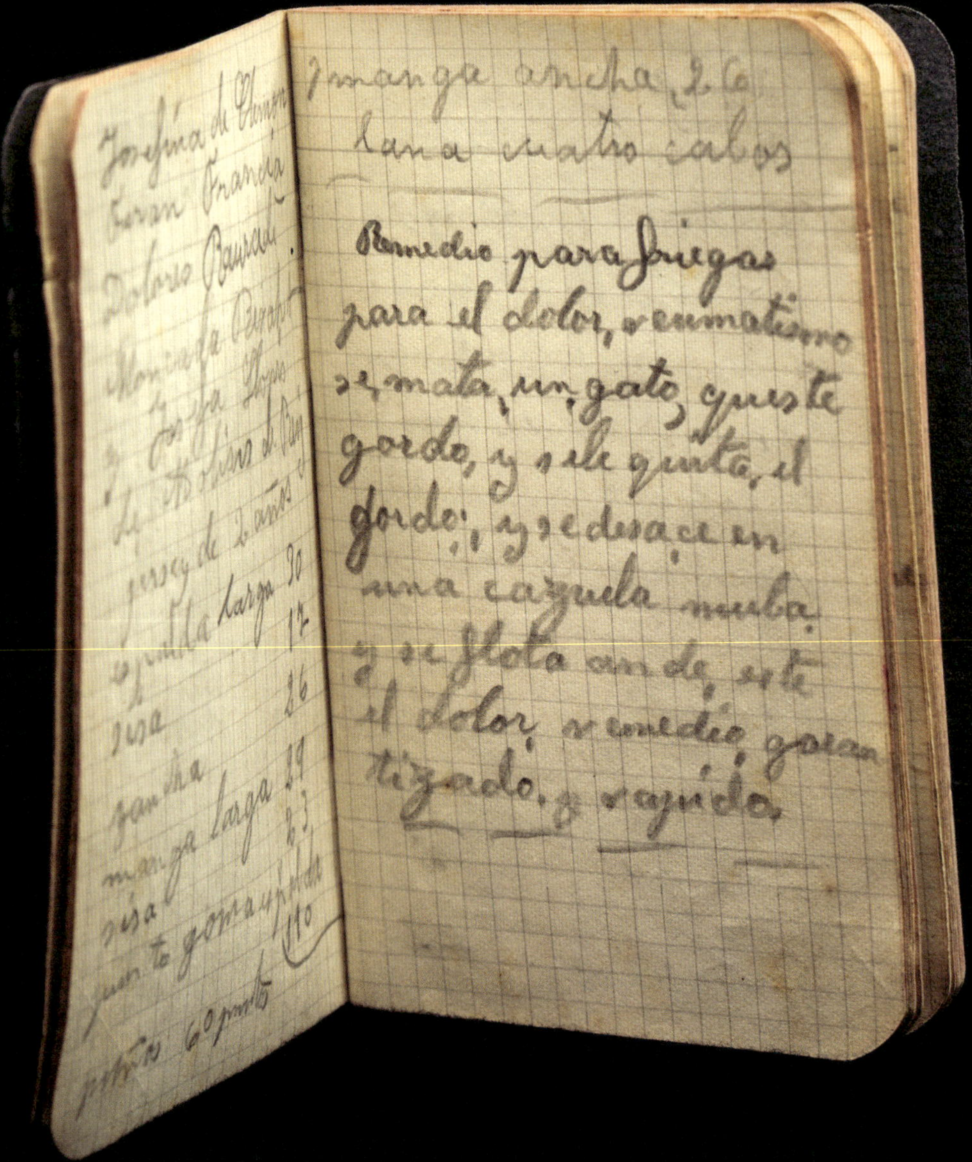

y manga ancha, 2.60
lana cuatro cabos

Remedio para friegas
para el dolor, o reumatismo
se mata un gato, que este
gordo, y se le quita el
gordo, y se deshace en
una cazuela nueba
y se flota en de este
el dolor, remedio garan
tizado, y seguida

Josefina de ...
Során Francia
Dolores Pausadi.

Monica la ...
y Josefa López
de ... Niña de ...
y ... de 2 años ...
espalda larga   90
                   12
visa   86
pancha
manga larga 39
visa   63
puente goma y pita 110
puntos 60 puntos

«A lo largo de mi vida he pasado de tener pelo largo a corto en dos ocasiones. La primera de ellas fue al día siguiente de hacer la comunión. La segunda fue al día siguiente de casarme. Supongo que en ambos casos la forma que encontré de materializar mi compromiso fue desprenderme de algo tan amado por mí como mi larga cabellera.»

«Al llarg de la meva vida he passat de tenir els cabells llargs a curts dues vegades. La primera va ser l'endemà de fer la comunió. La segona va ser l'endemà de casar-me. Suposo que en tots dos casos la manera que vaig trobar de materialitzar el meu compromis va ser desprendre'm d'una cosa tan preuada per a mi com la meva llarga cabellera.»

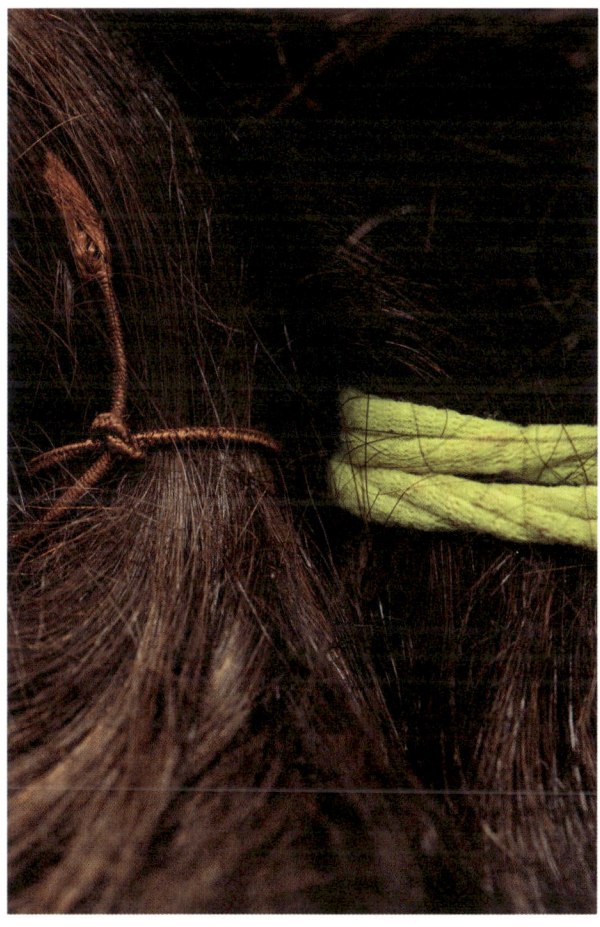

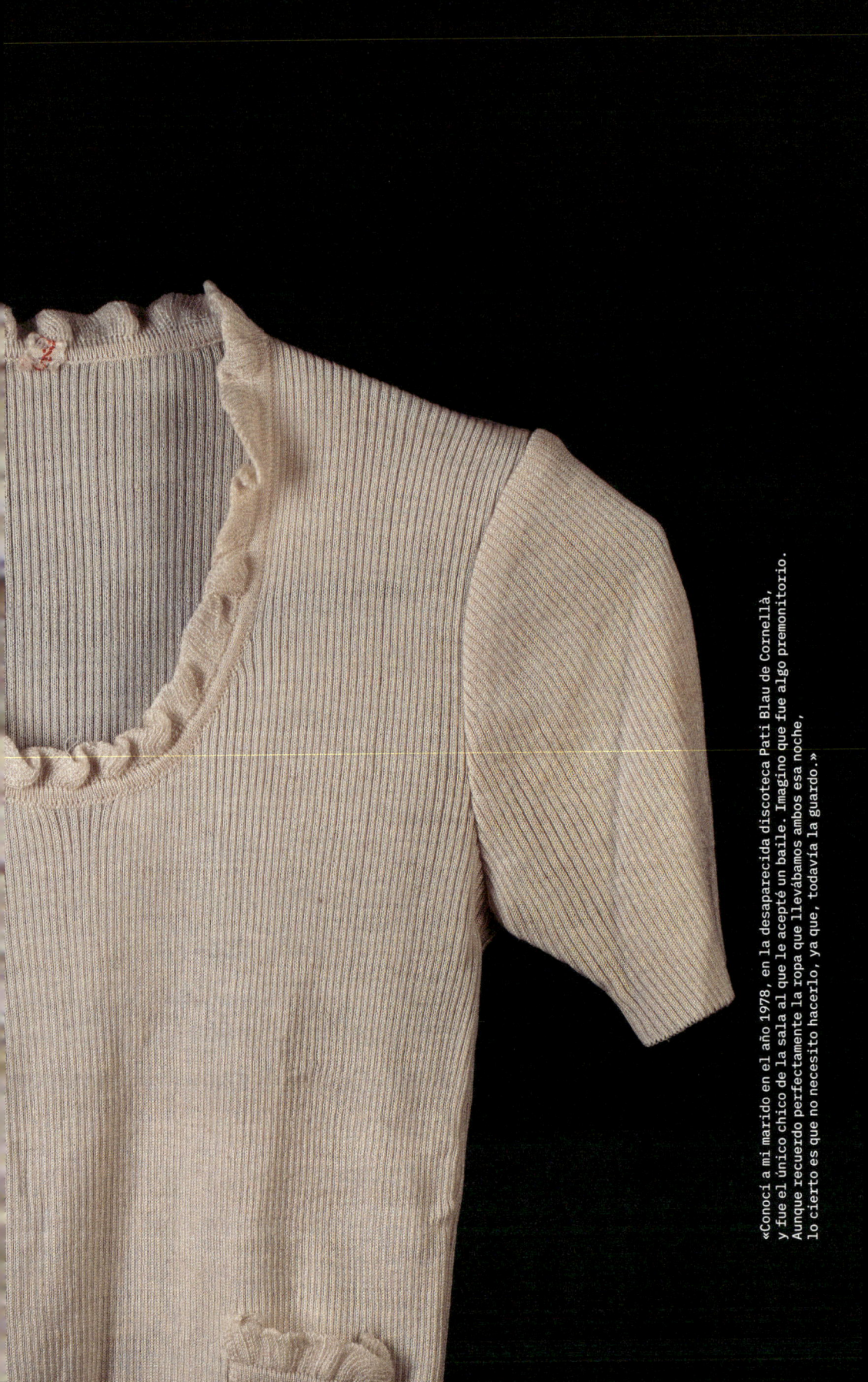

«Conocí a mi marido en el año 1978, en la desaparecida discoteca Pati Blau de Cornellà,
y fue el único chico de la sala al que le acepté un baile. Imagino que fue algo premonitorio.
Aunque recuerdo perfectamente la ropa que llevábamos ambos esa noche,
lo cierto es que no necesito hacerlo, ya que, todavía la guardo.»

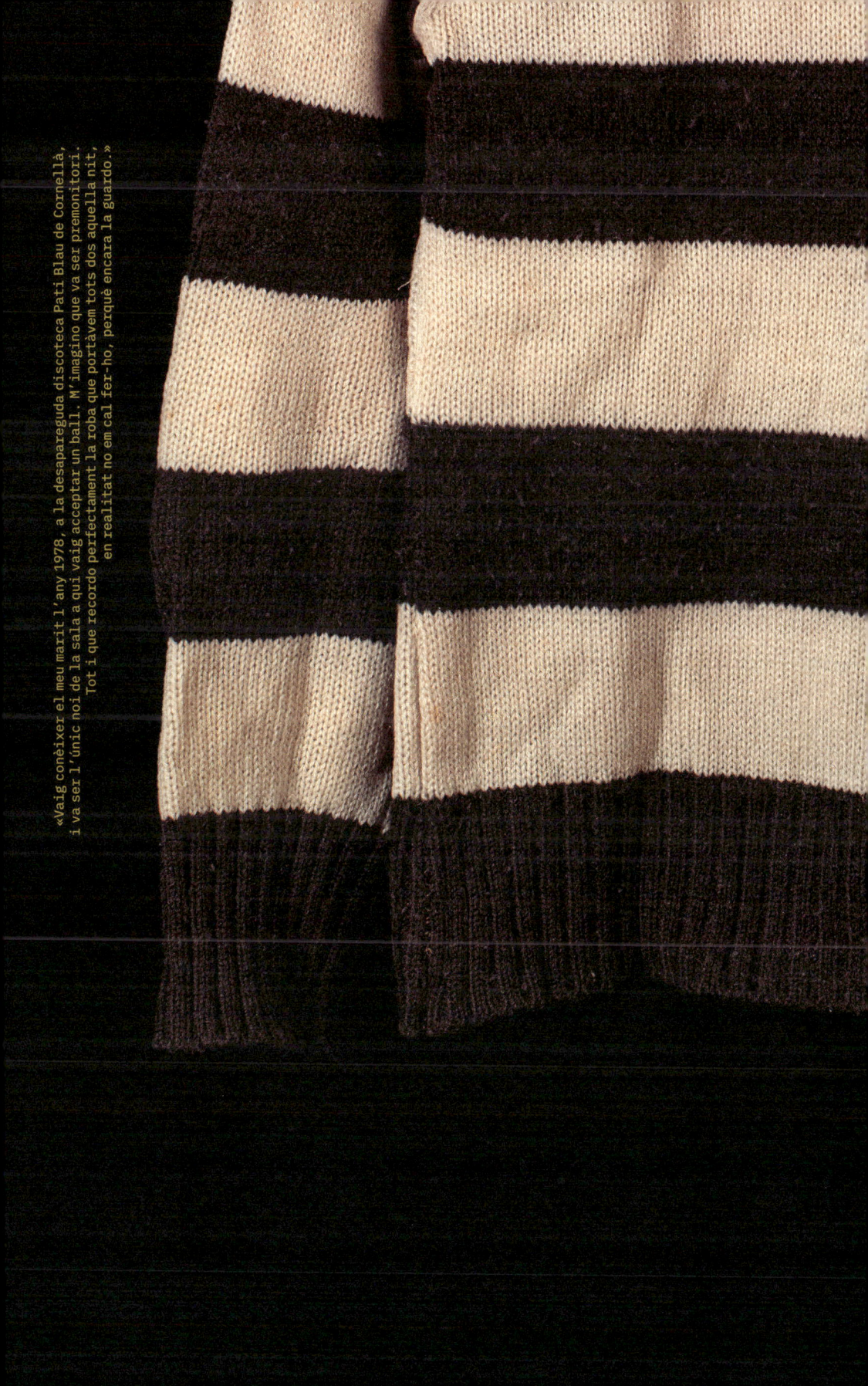

«Vaig conèixer el meu marit l'any 1978, a la desapareguda discoteca Pati Blau de Cornellà, i va ser l'únic noi de la sala a qui vaig acceptar un ball. M'imagino que va ser premonitori. Tot i que recordo perfectament la roba que portàvem tots dos aquella nit, en realitat no em cal fer-ho, perquè encara la guardo.»

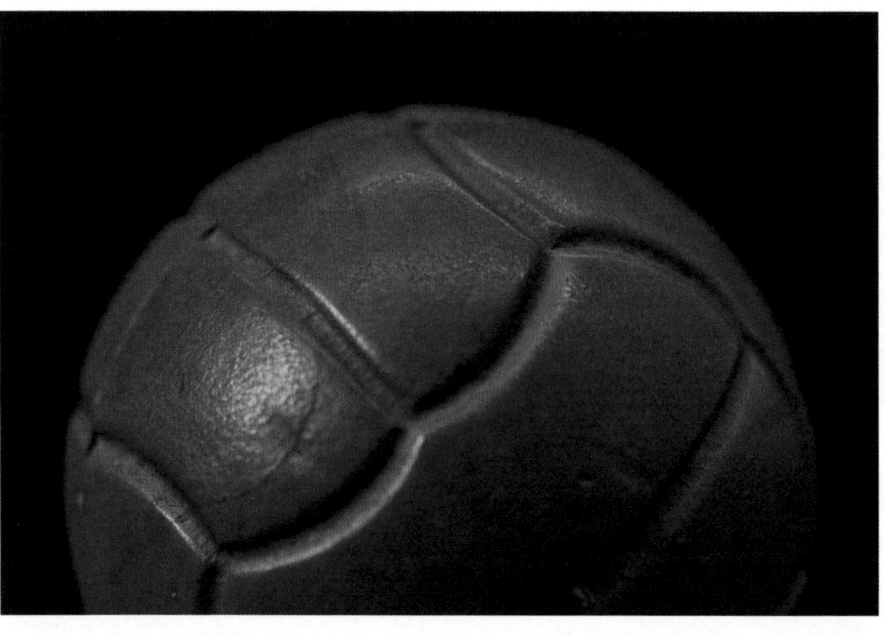

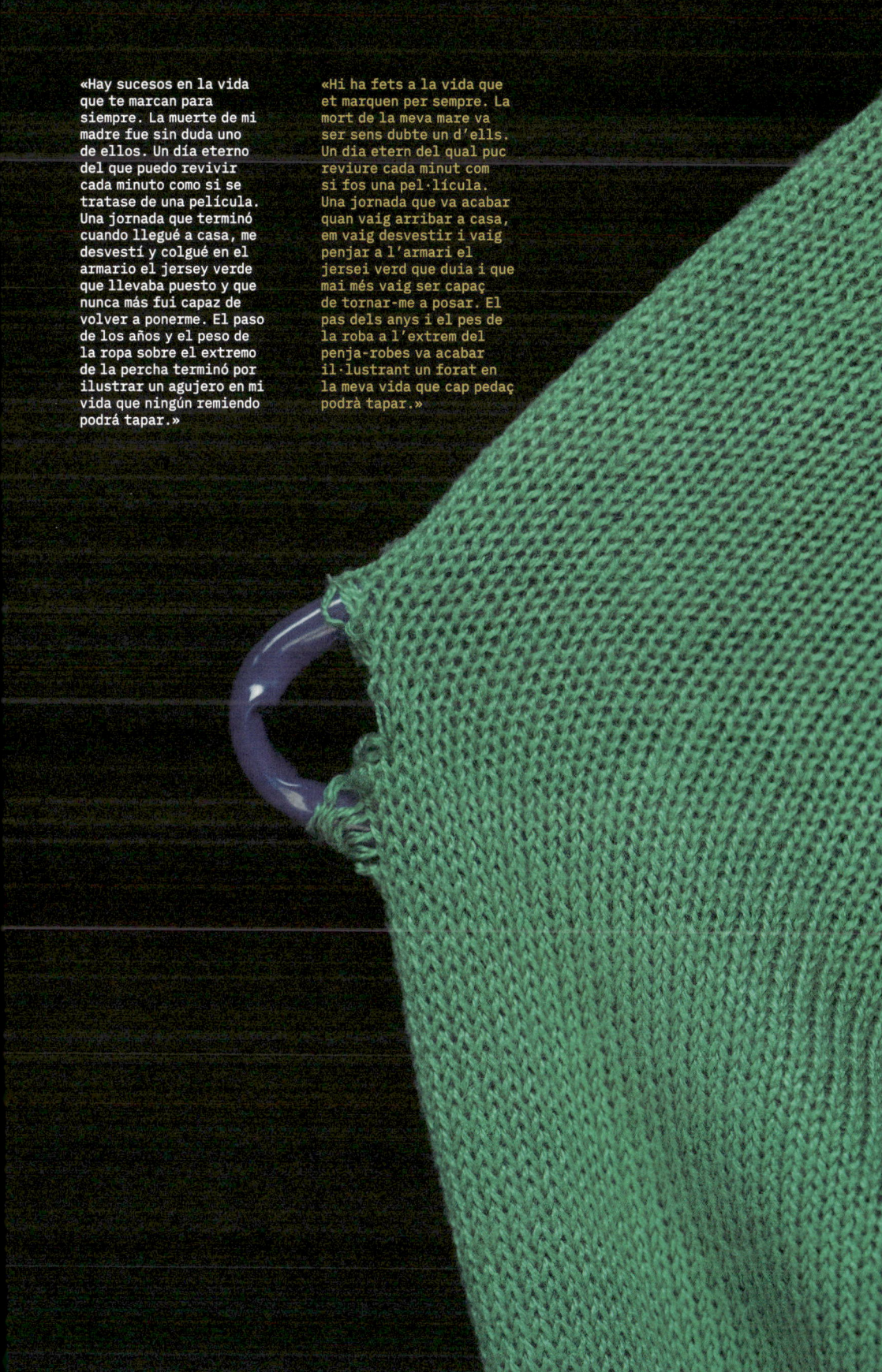

«Hay sucesos en la vida que te marcan para siempre. La muerte de mi madre fue sin duda uno de ellos. Un día eterno del que puedo revivir cada minuto como si se tratase de una película. Una jornada que terminó cuando llegué a casa, me desvestí y colgué en el armario el jersey verde que llevaba puesto y que nunca más fui capaz de volver a ponerme. El paso de los años y el peso de la ropa sobre el extremo de la percha terminó por ilustrar un agujero en mi vida que ningún remiendo podrá tapar.»

«Hi ha fets a la vida que et marquen per sempre. La mort de la meva mare va ser sens dubte un d'ells. Un dia etern del qual puc reviure cada minut com si fos una pel·lícula. Una jornada que va acabar quan vaig arribar a casa, em vaig desvestir i vaig penjar a l'armari el jersei verd que duia i que mai més vaig ser capaç de tornar-me a posar. El pas dels anys i el pes de la roba a l'extrem del penja-robes va acabar il·lustrant un forat en la meva vida que cap pedaç podrà tapar.»

EXPOSICIÓN / EXPOSICIÓ

Coordinación / Coordinació
Carolina Ciuti

Dirección de montaje e iluminación /
Direcció del muntatge i il·luminació
Pedro Benito Albarrán

Diseño expositivo / Disseny expositiu
laura aranda lavado, Estefania Bedmar, Carolina
Ciuti, Alain Rojas Pastor, Malu Reigal

Diseño de la gráfica / Disseny de la gràfica
gráfica futura

Seguros / Assegurances
MAPFRE Seguros de Empresas
Compañía de Seguros y Reaseguros

CATÁLOGO / CATÀLEG

Coordinación / Coordinació
Carolina Ciuti

Departamento de Publicaciones /
Departament de Publicacions
Raúl González Beneyto

Edición de los textos / Edició dels textos
Mariola Gómez Laínez

Traducciones / Traduccions
Mercè Bolló, Barcelona Kontext (del castellano
al catalán / del castellà al català)

Diseño y maquetación / Disseny i maquetació
gráfica futura

Fotomecánica / Fotomecànica
Lucam

Impresión y encuadernación /
Impressió i enquadernació
Brizzolis

Imágenes de sobrecubierta /
Imatges de sobrecoberta
Alain Rojas Pastor, *Vestigia*, 2023

Todas las imágenes de esta publicación pertenecen
al proyecto *Vestigia* (2023), que comprende fotografías
macro digitales.

Totes les imatges d'aquesta publicació pertanyen
al projecte *Vestigia* (2023), que comprèn fotografies
macro digitals.

KBr Flama'24

Malu Reigal
Pan, pijo y habas

Fundación **MAPFRE**

PAN, PIJO Y HABAS
MALU REIGAL

«El pájaro rompe el cascarón. El cascarón es el mundo.
Quien quiera nacer, tiene que destruir un mundo.»
Herman Hesse

Pan, pijo y habas es un proyecto fotográfico que nace de un marco familiar propio. El trabajo se desarrolla en torno a las relaciones de afecto que se dan en un contexto periférico radicalmente masculinizado donde tienen lugar la cría y el adiestramiento de palomos de competición.

La conexión de la artista con esta práctica viene de una tradición que empezó con su abuelo y que a día de hoy continúa su tío –«el único varón de cinco hermanos, quien ahora se encarga de cuidar de mi abuela, de las palomas, de la huerta, y de las rosas que plantó su padre», en palabras de la autora–.

Estas relaciones de cuidados son procesos aprendidos que, en el caso de los hombres, están muy condicionados socialmente por un entorno en el que los ritos y valores heredados han definido una identidad colectiva homogénea. Bajo esta realidad, la necesidad de sentirse parte del grupo es algo primitivo: pertenecer y encontrar el espacio propio, ser uno en constante adaptación al medio.

El proyecto plantea así abordar y medir las tensiones entre la elección y el mandato, estudiando las líneas desdibujadas que separan el cuidar del criar, el amar del poseer, el heredar del asumir. Trata de suscitar una reflexión sobre los vínculos: ¿cuál es la relación de los hombres con su entorno, con sus raíces, con las aves y con ellos mismos?

Las plumas aparecieron en el mundo cien millones de años antes que las aves, y lo hicieron con un único objetivo, el mismo que asume una madre: dar cobijo, cuidar. Desde el punto de vista evolutivo, la pluma es primero púa, es espina y defensa que luego se deshilacha dando lugar a una especie de pelos que aportan calor y protegen. Es tiempo después, al desarrollar su forma final, cuando permiten al pájaro la capacidad de elevarse. Así, la adquisición del vuelo siempre ha sido entendida como un proceso de evolución continuo.

Todo empezó con las plumas, después vinieron los pájaros.

PAN, PIJO Y HABAS
MALU REIGAL

«L'ocell trenca la closca. La closca és el món.
Qui vulgui néixer, ha de destruir un món.»
Herman Hesse

Pan, pijo y habas és un projecte fotogràfic que neix d'un marc familiar propi. El treball es desenvolupa entorn de les relacions d'afecte que es produeixen en un context perifèric radicalment masculinitzat on es fa cria i ensinistrament de coloms de competició.

La connexió de l'artista amb aquesta pràctica prové d'una tradició que va començar amb el seu avi i que un dia va continuar el tiet –«L'únic noi de cinc germans, que ara es cuida de la meva àvia, dels coloms, de l'horta i de les roses que va plantar el seu pare», explica l'autora–.

Aquestes relacions de cures són processos apresos que, en el cas dels homes, estan molt condicionats socialment per un entorn en què els ritus i els valors heretats han definit una identitat col·lectiva homogènia. Sota aquesta realitat, la necessitat de sentir-se part del grup és quelcom primitiu: pertànyer i trobar l'espai propi, ser un en constant adaptació al medi.

Així, el projecte planteja considerar i mesurar les tensions entre l'elecció i el mandat estudiant les línies desdibuixades que separen cuidar i criar, estimar i posseir, heretar i assumir. Prova de suscitar una reflexió entorn dels vincles: quina és la relació dels homes amb el seu entorn, amb les seves arrels, amb els ocells i amb ells mateixos?

Les plomes van aparèixer al món cent milions d'anys abans que les aus, i va ser amb un únic objectiu, que és el mateix que assumeix una mare: protegir, cuidar. Des del punt de vista evolutiu, la ploma primer és punxa, és espina i defensa que després s'esfilagarsa i dona lloc a una mena de pèls que aporten escalfor i protegeixen. És un temps després, quan desenvolupen la seva forma final, que donen a l'ocell la capacitat d'envolar-se. Així, l'adquisició del vol sempre s'ha entès com un procés d'evolució continu.

Tot va començar amb les plomes, després van venir els ocells.

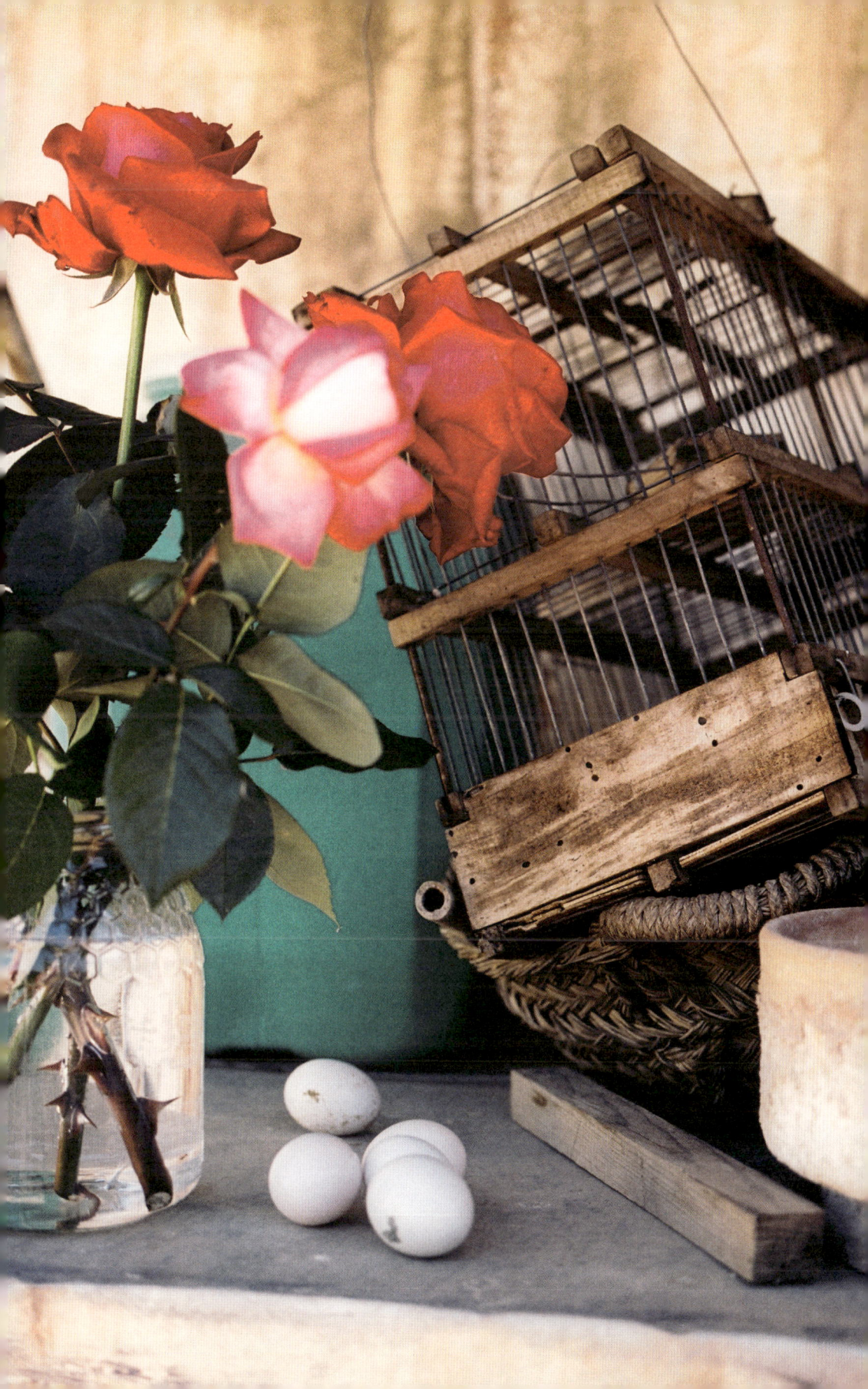

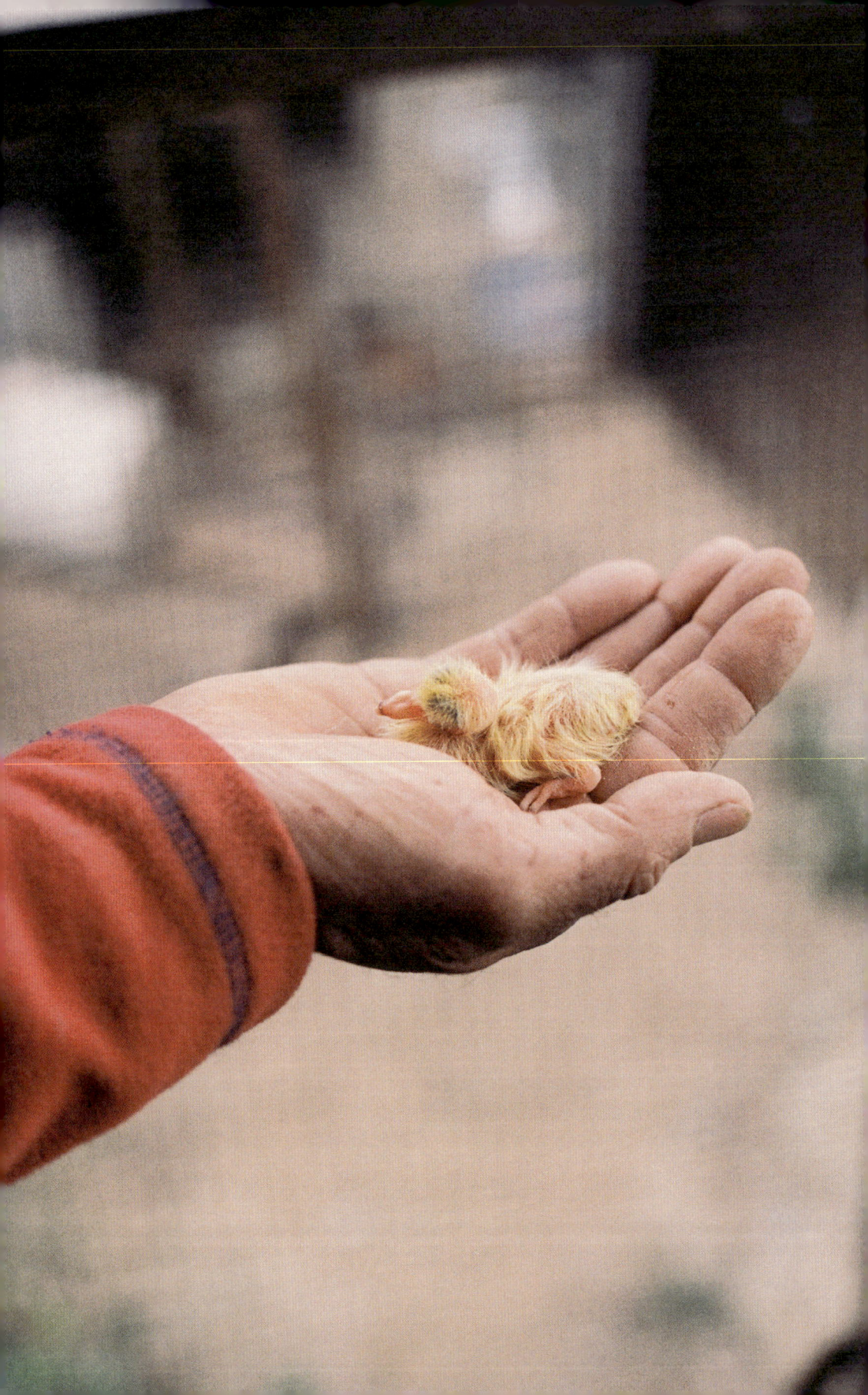

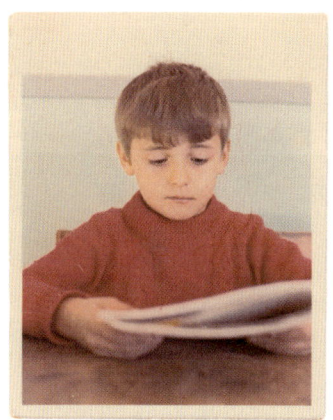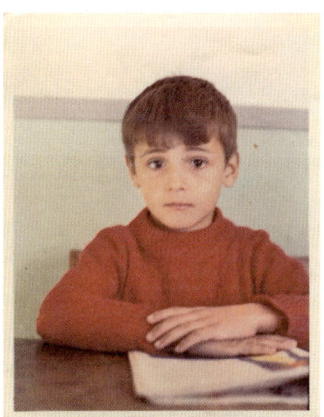

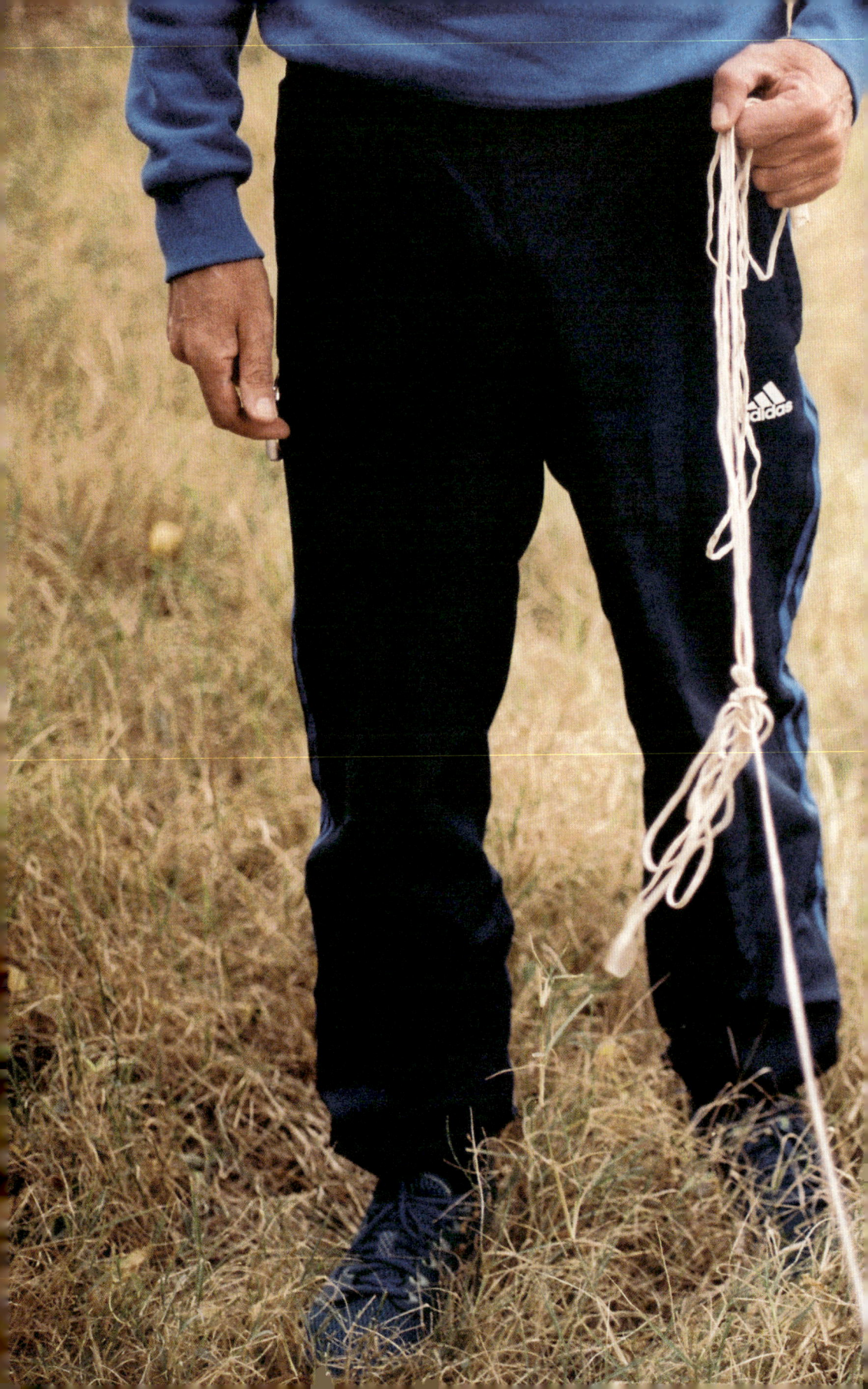

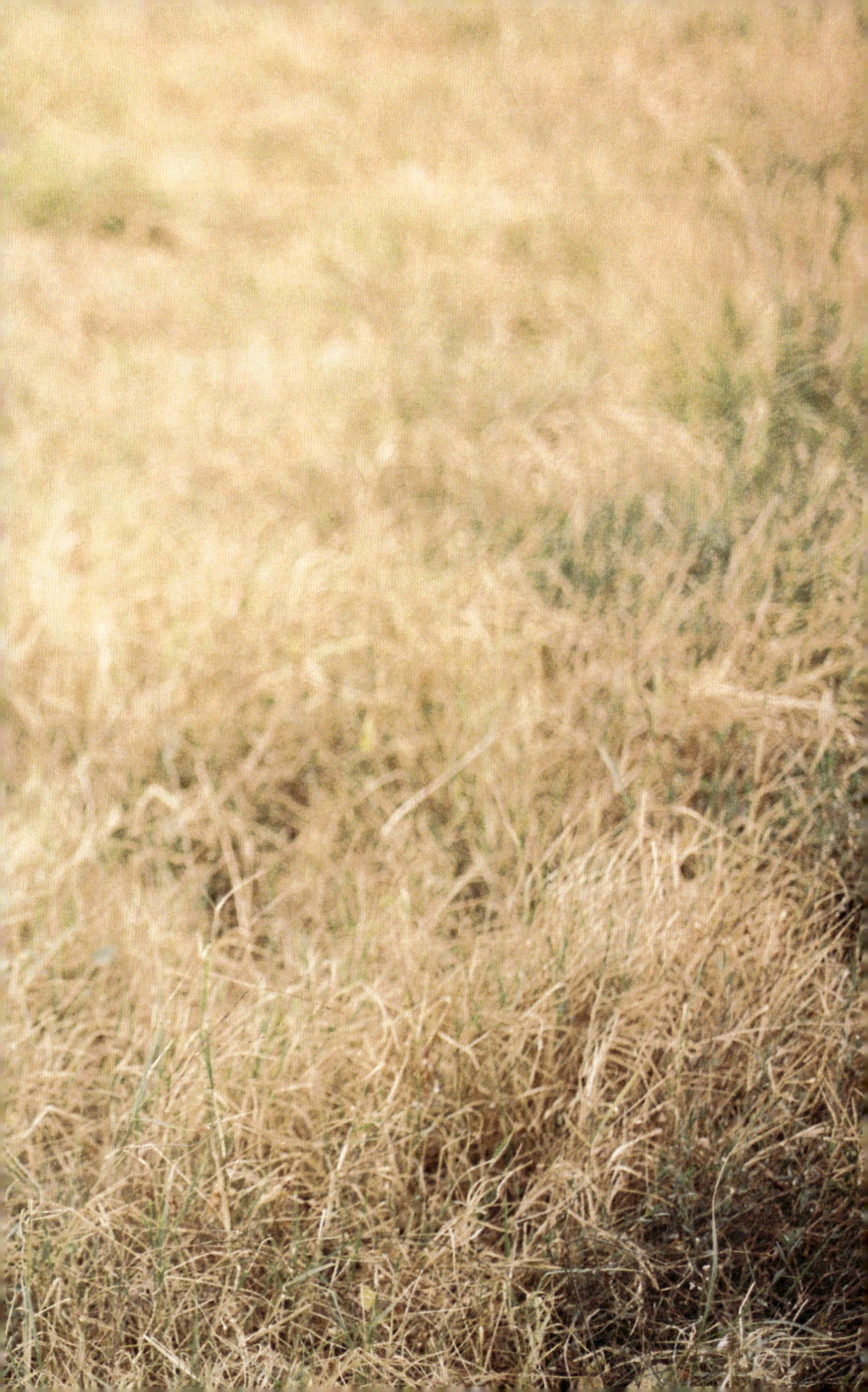

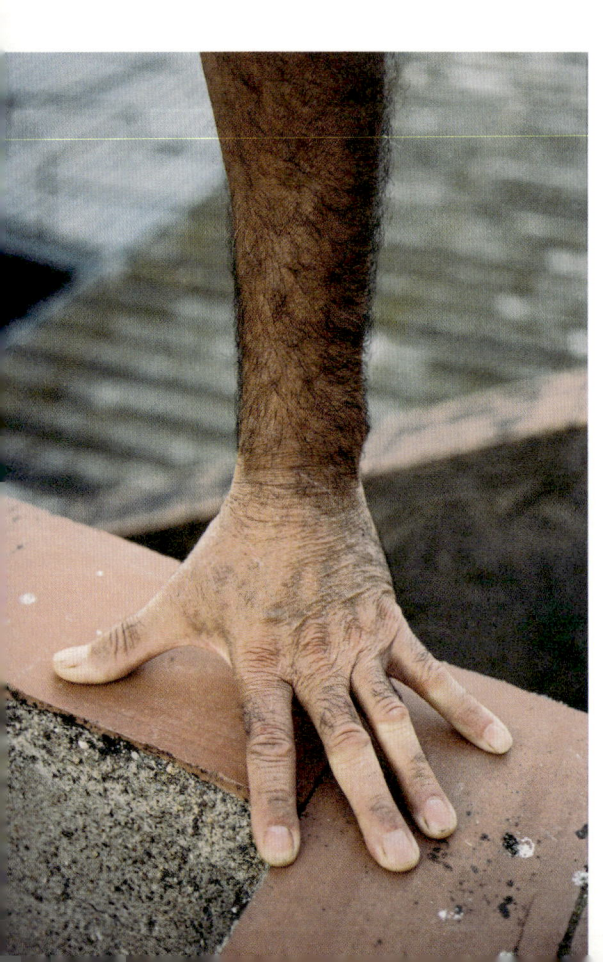

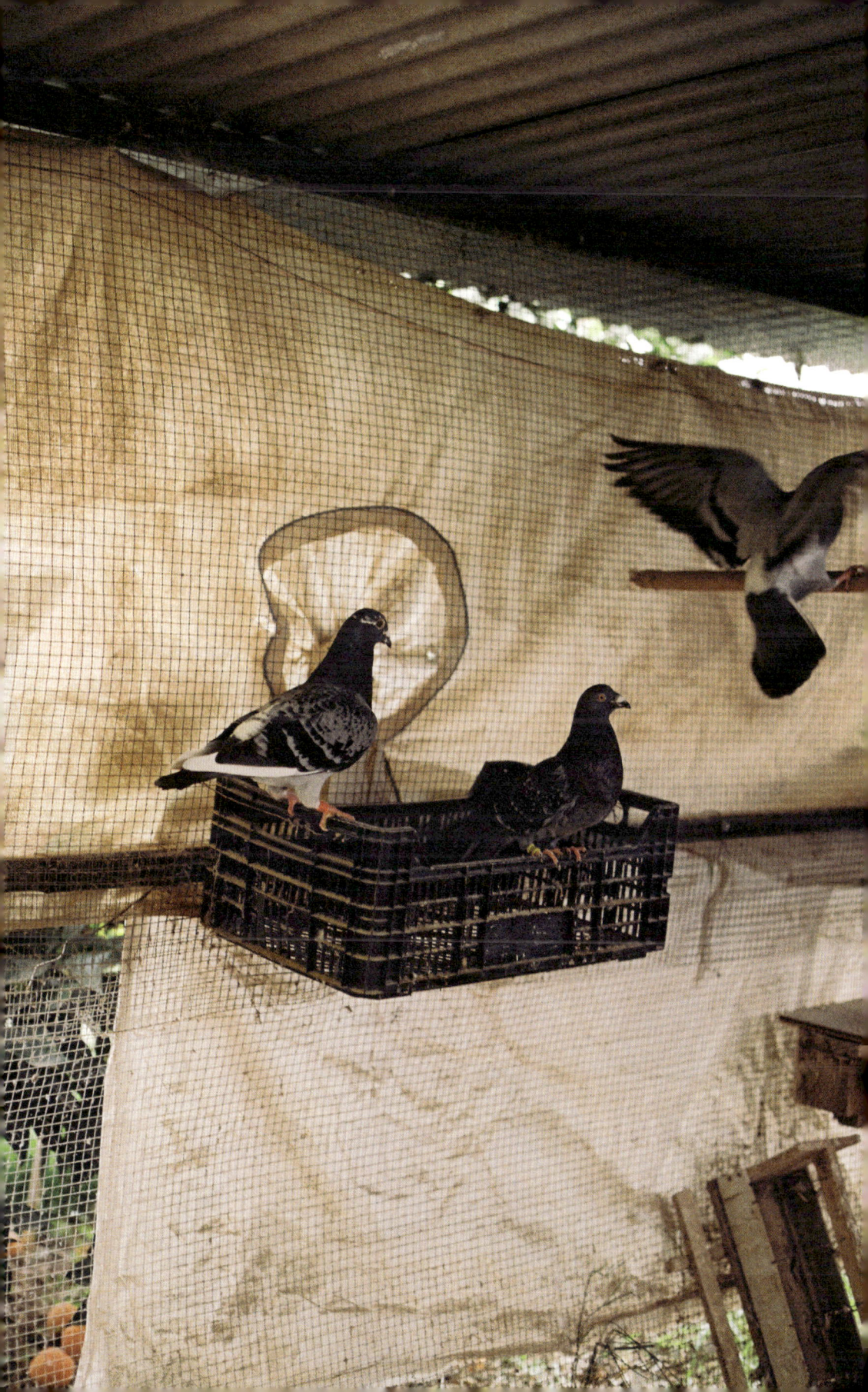

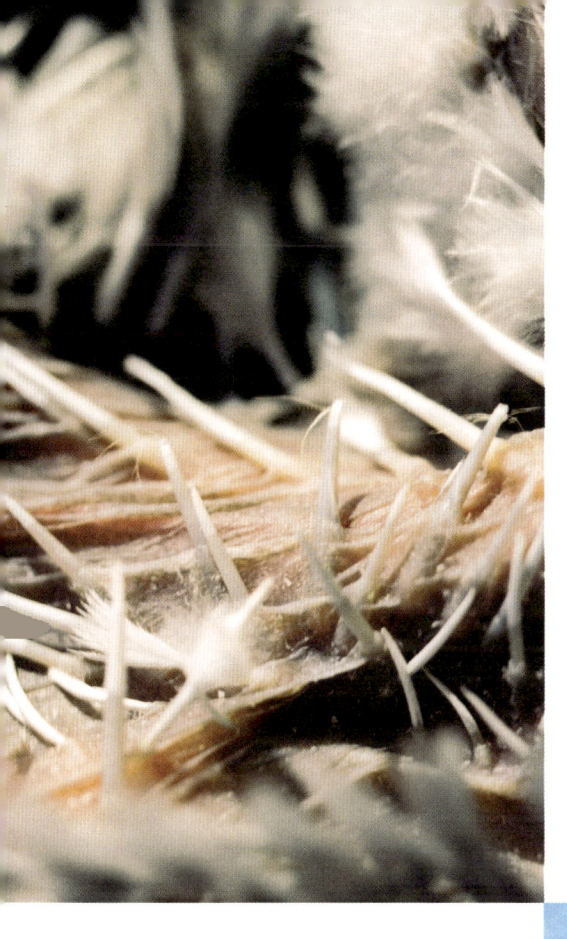

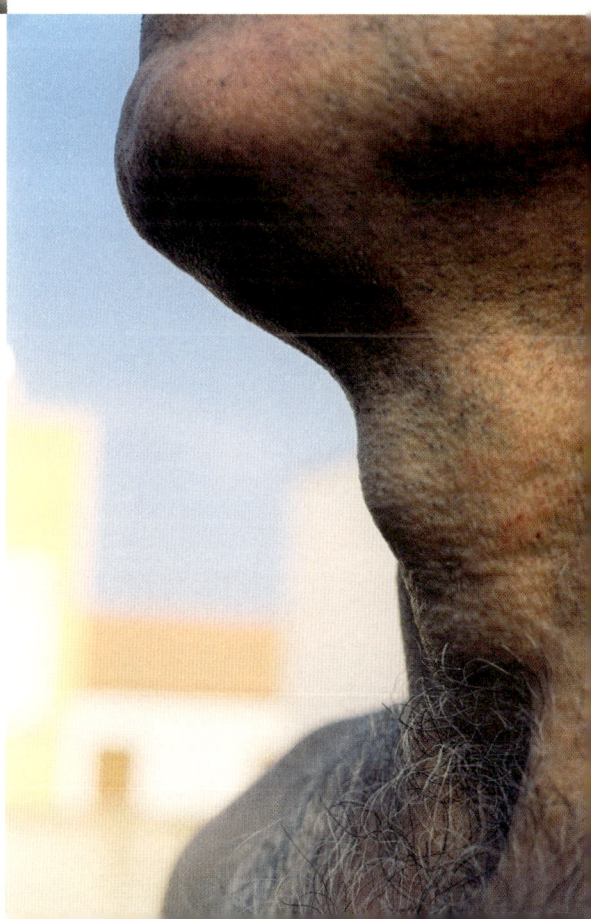

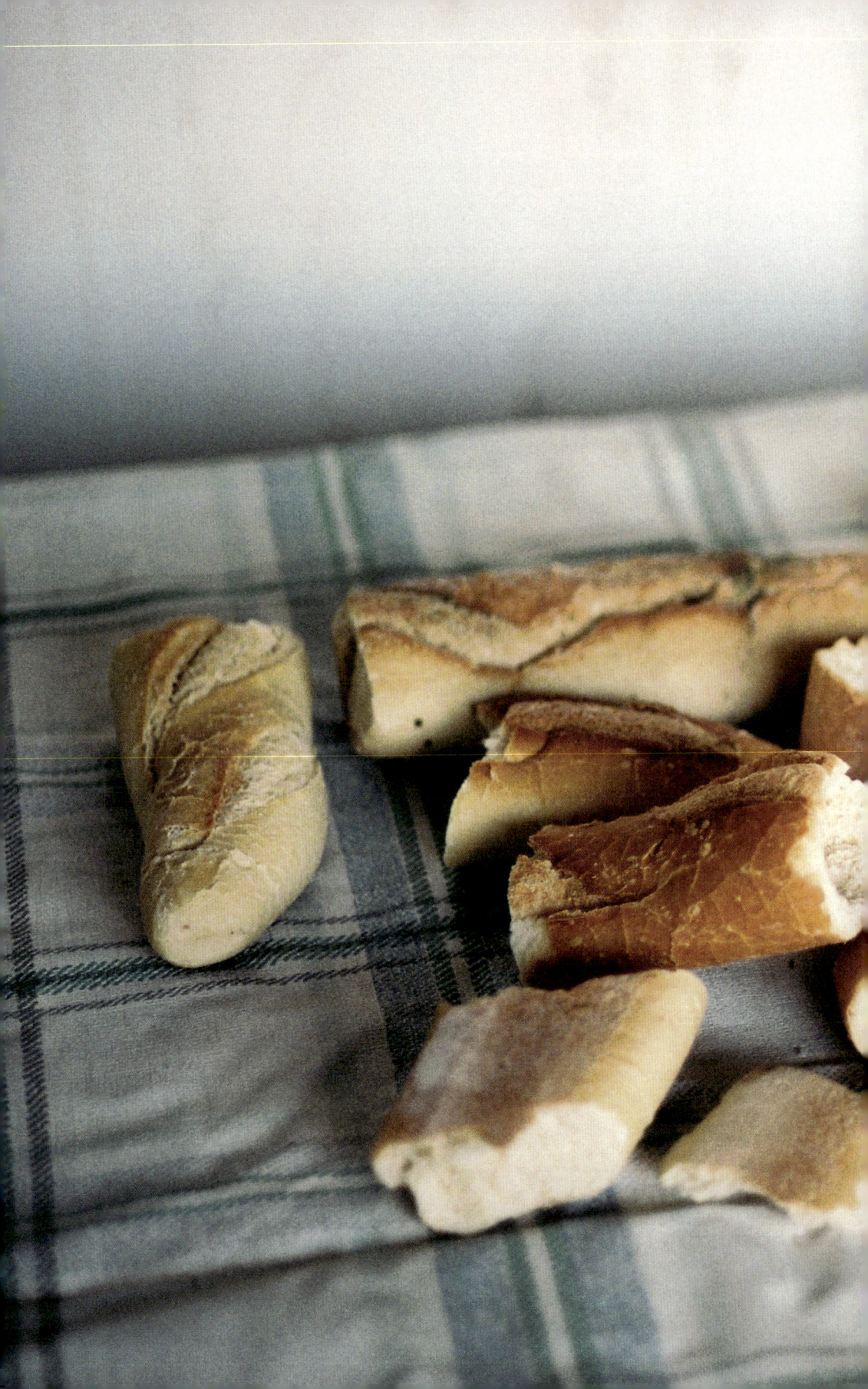

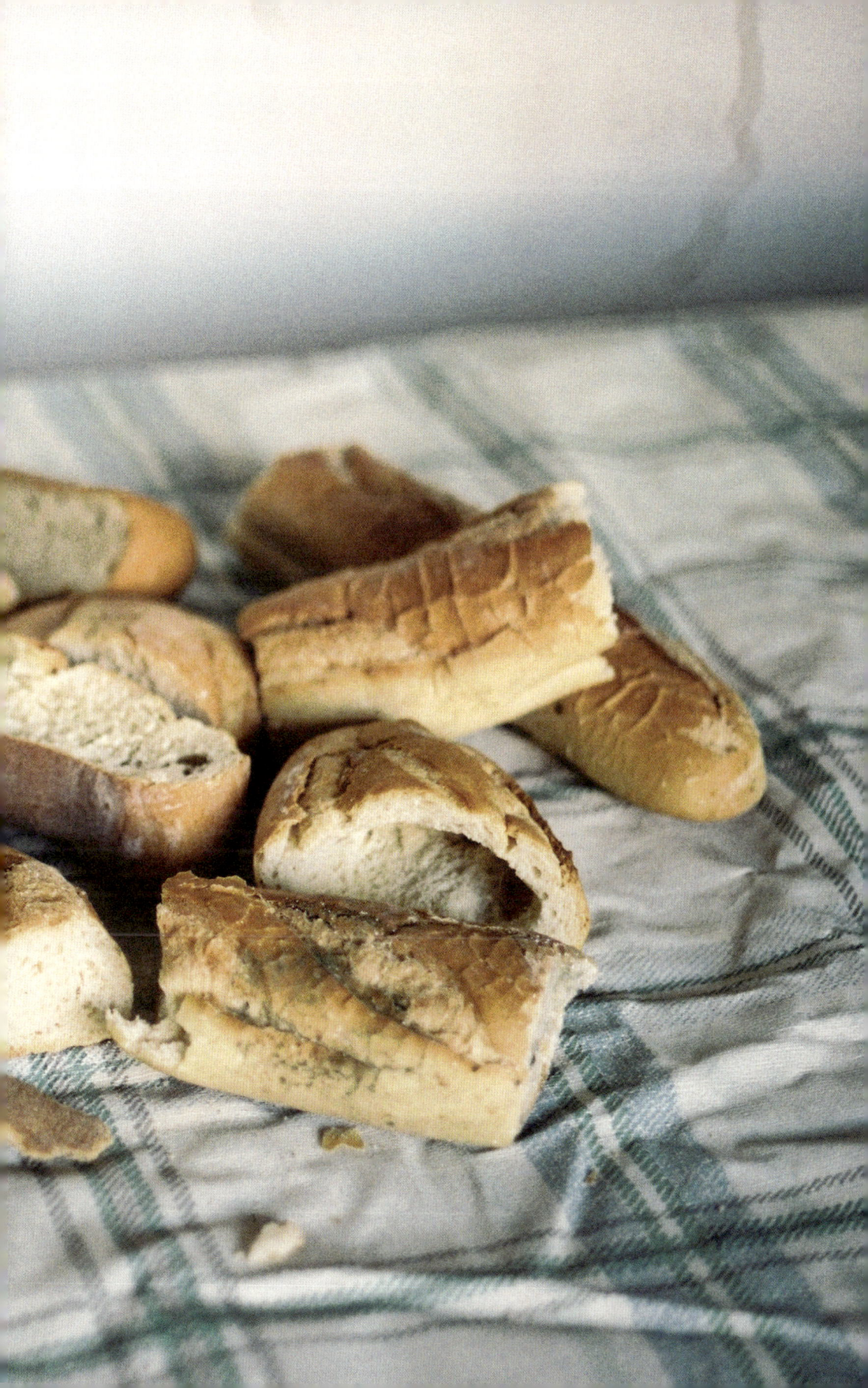

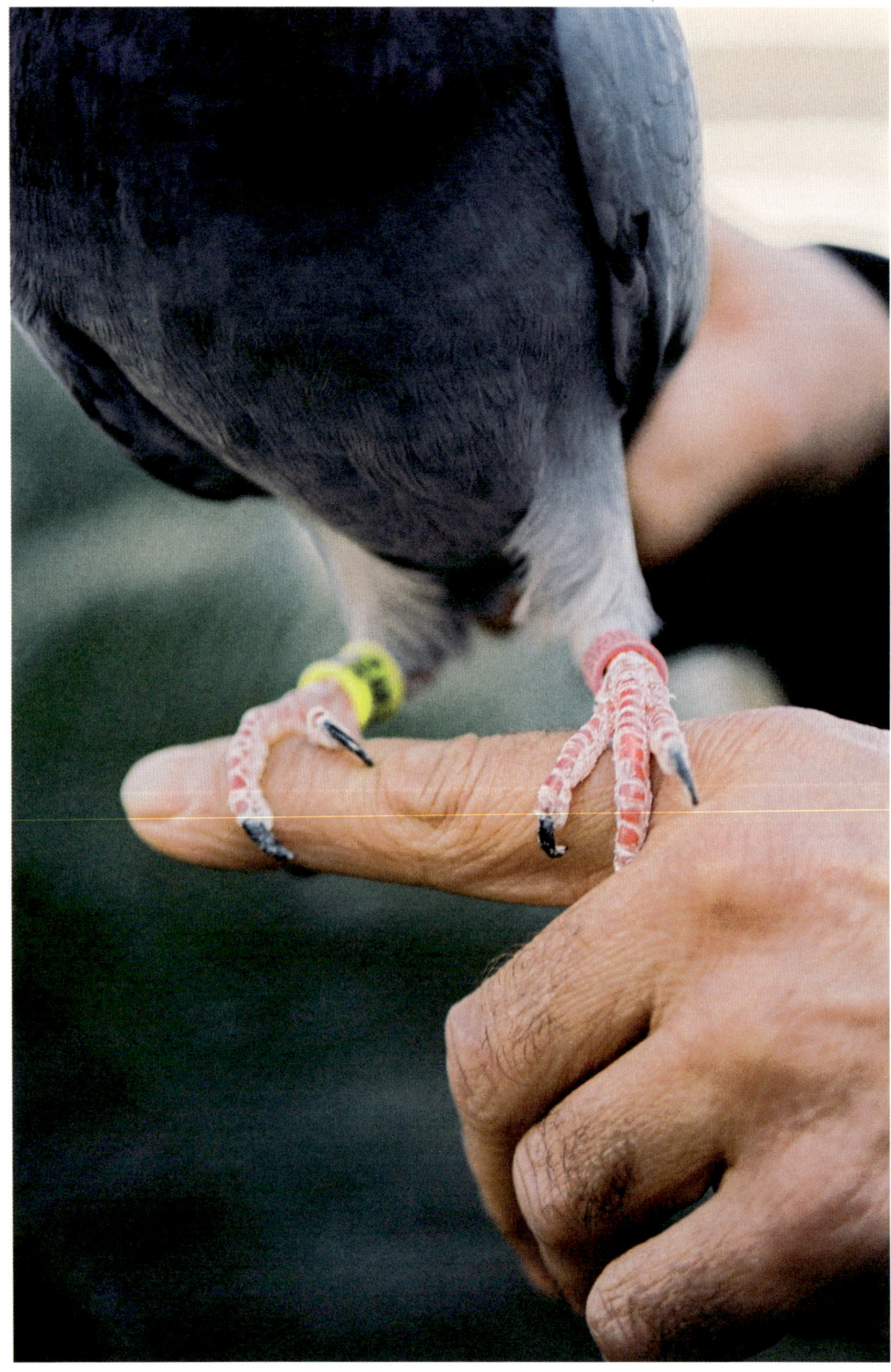

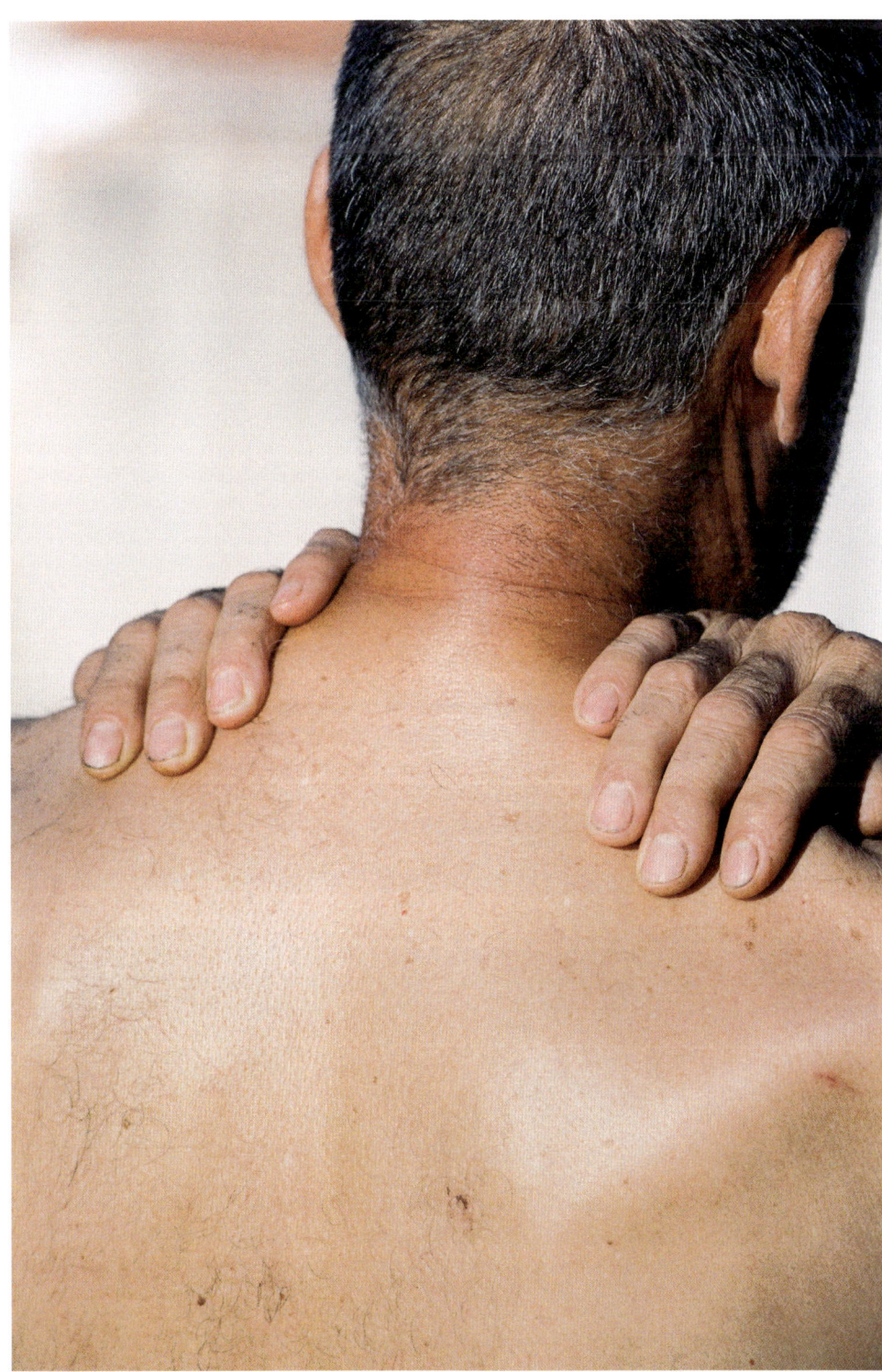

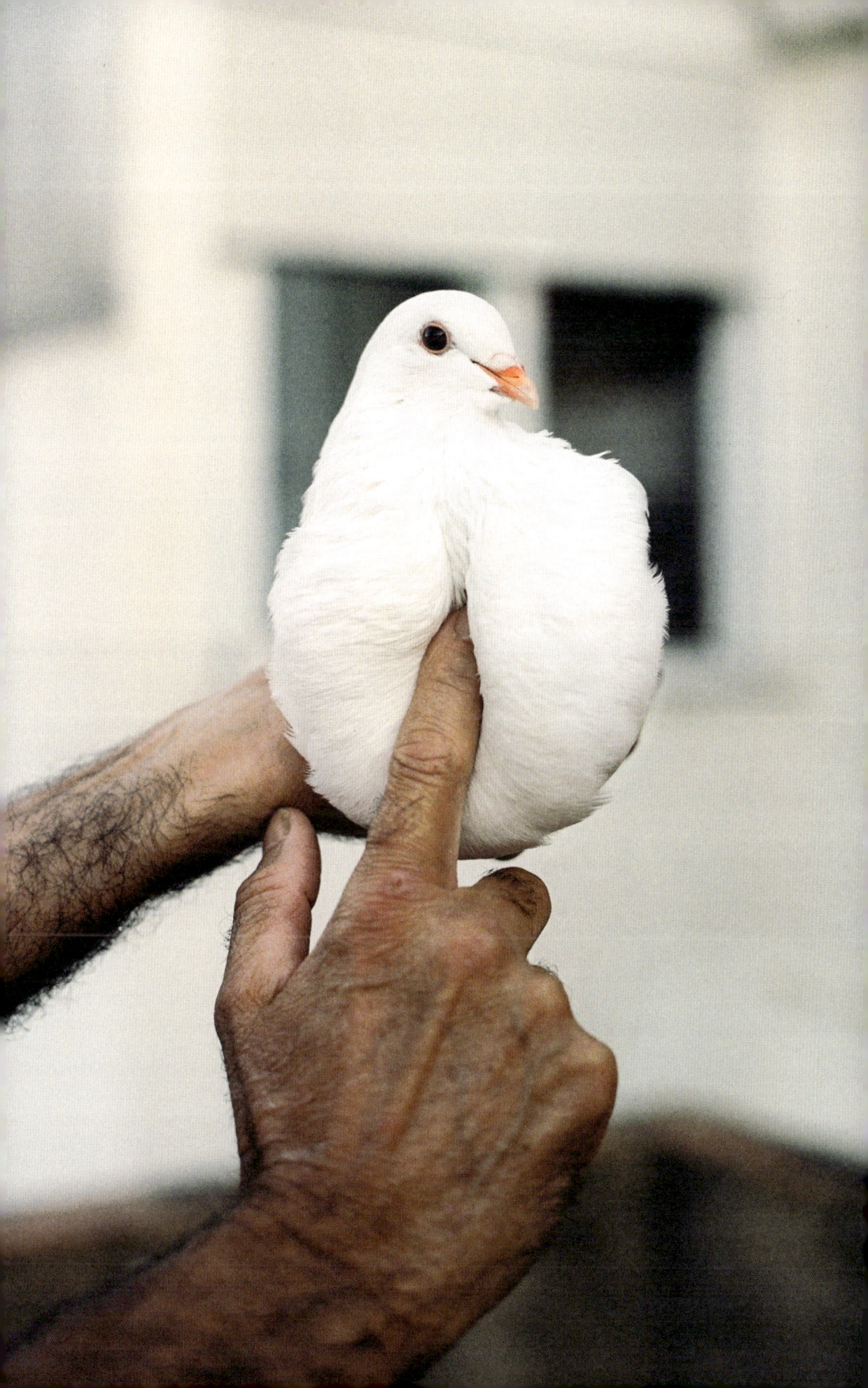

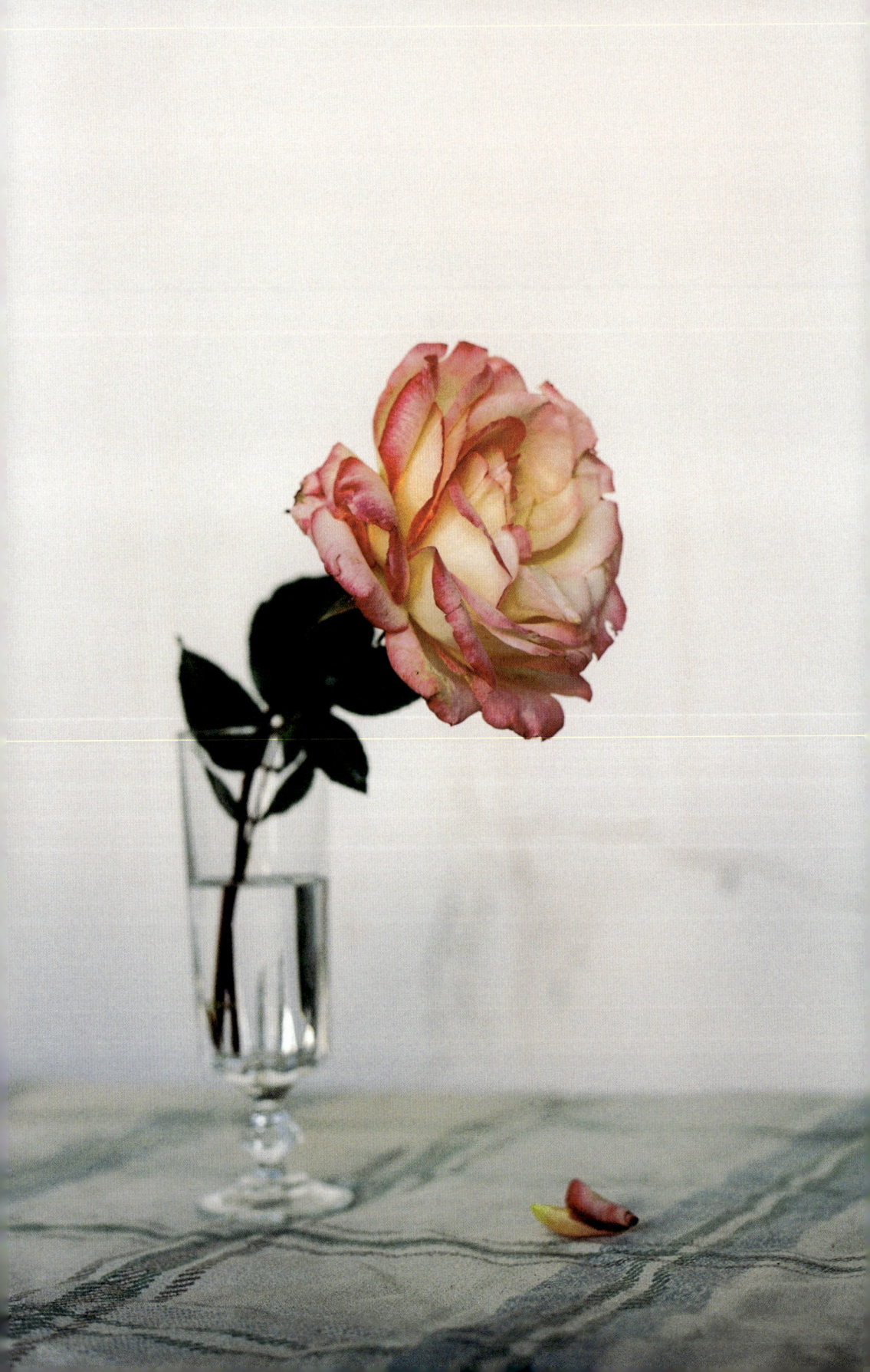

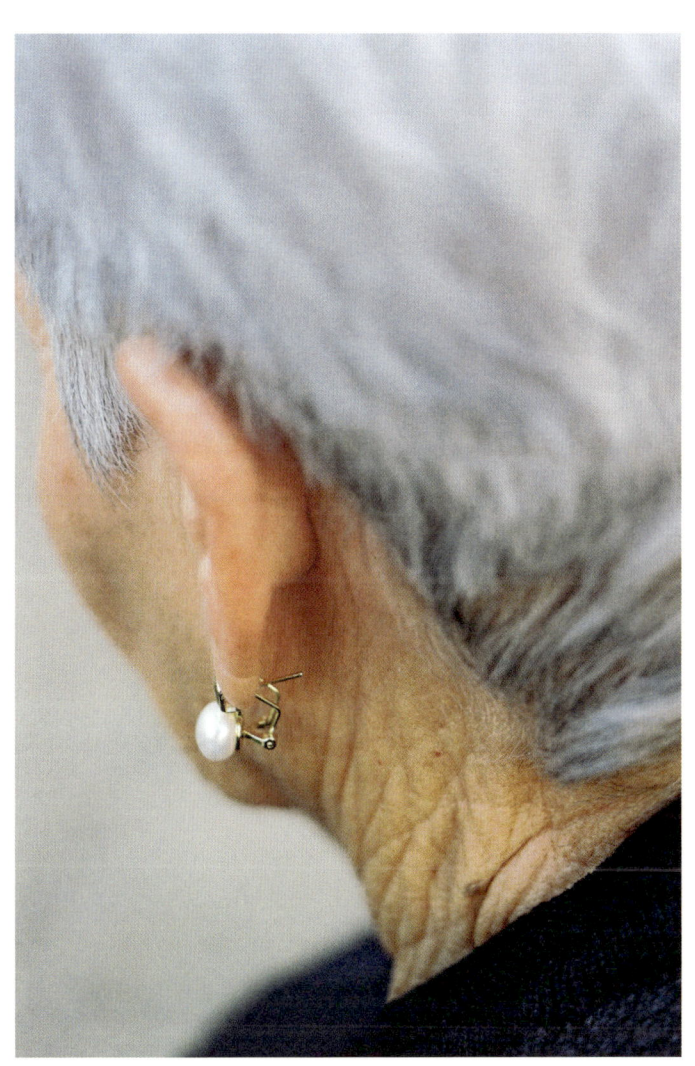

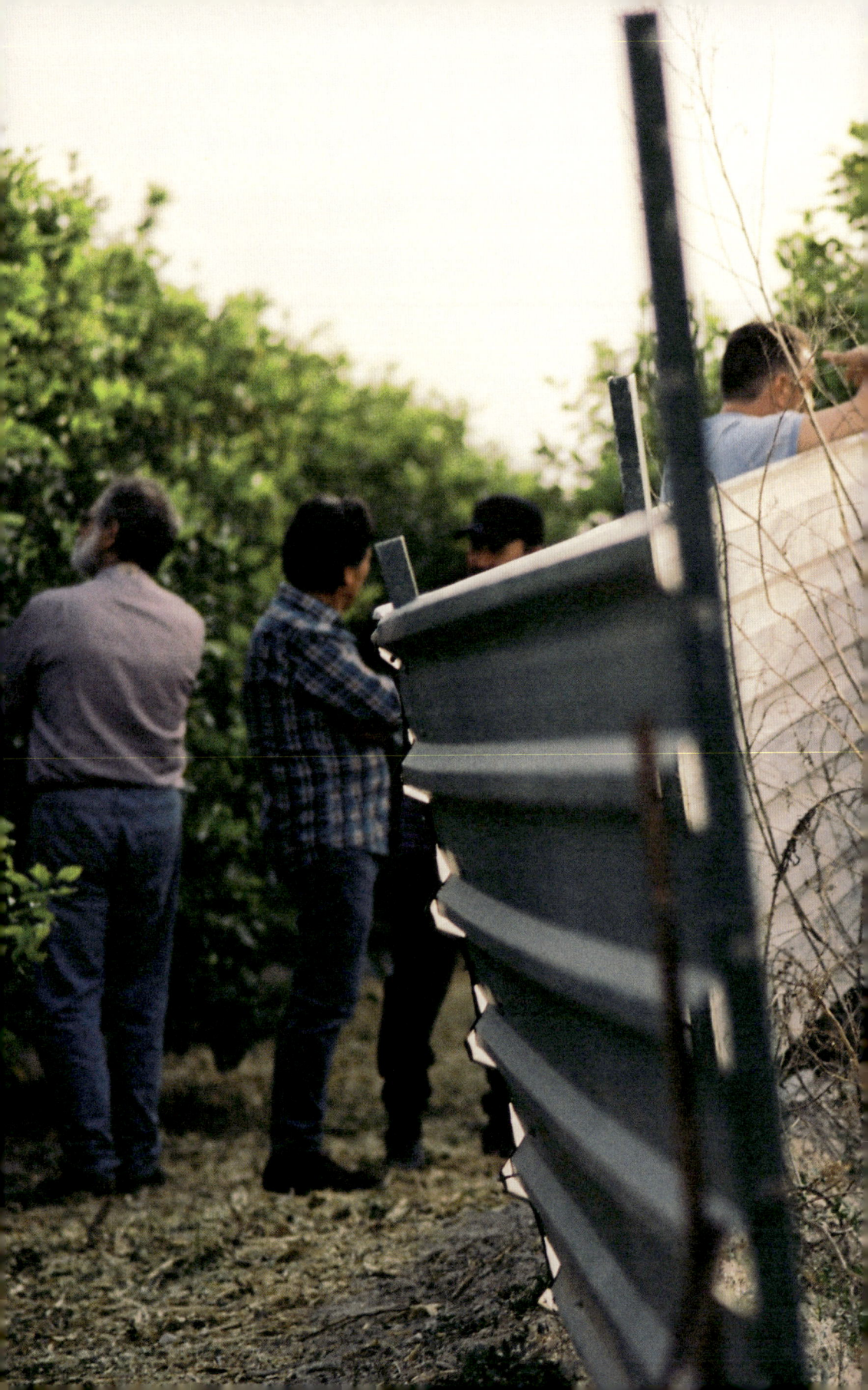

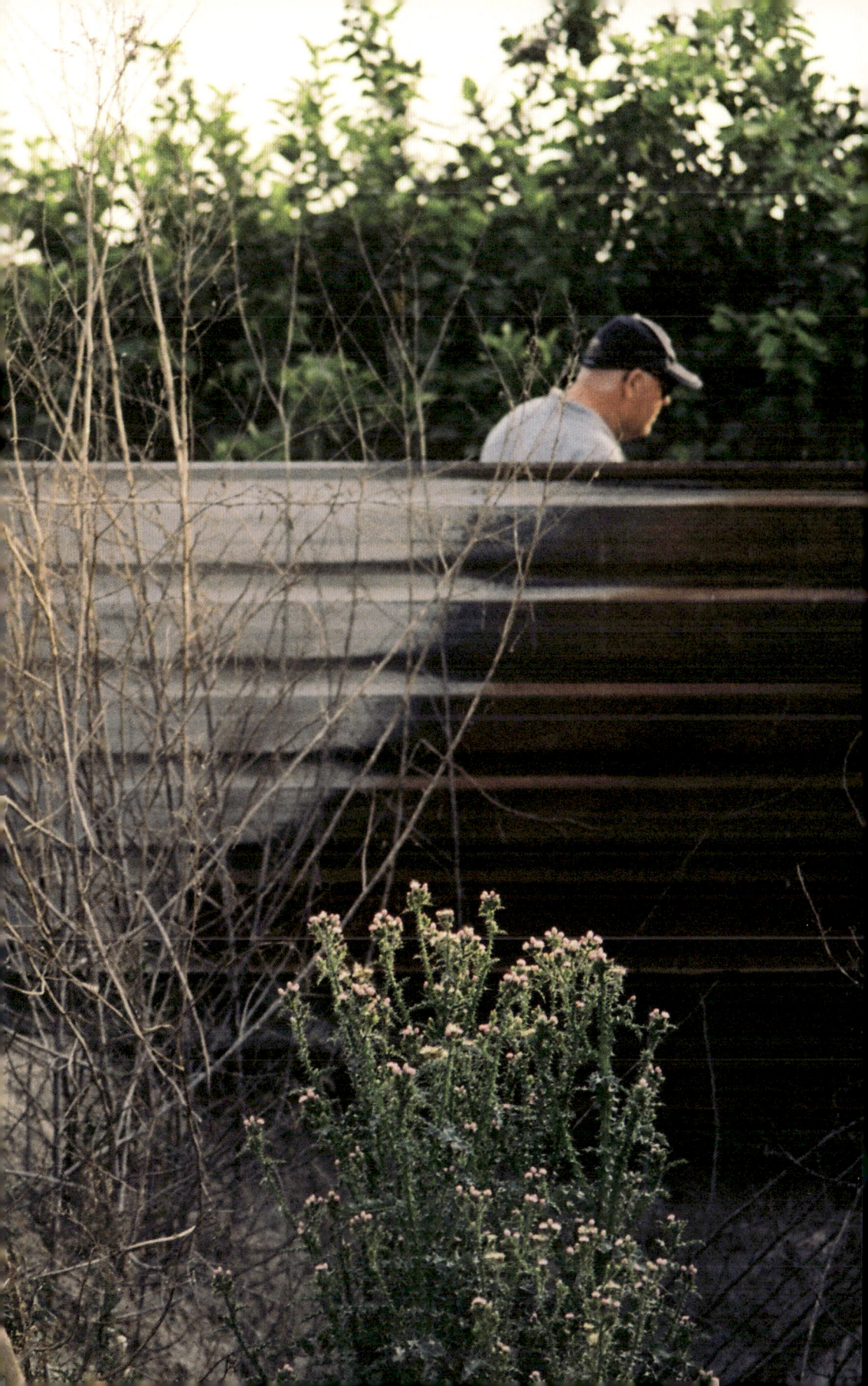

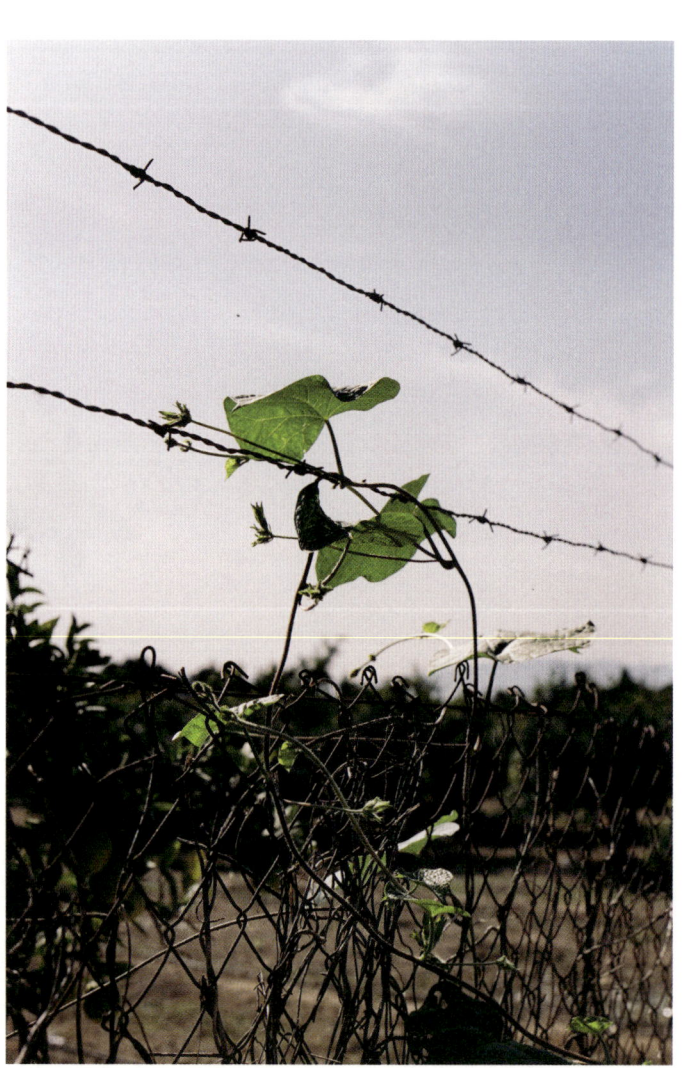

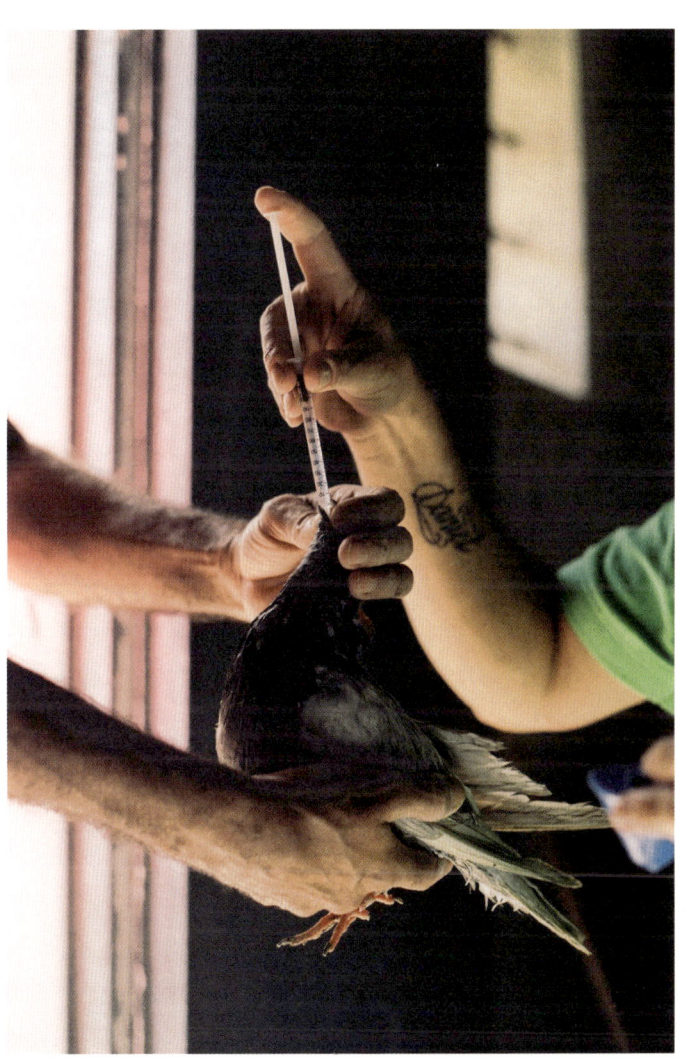

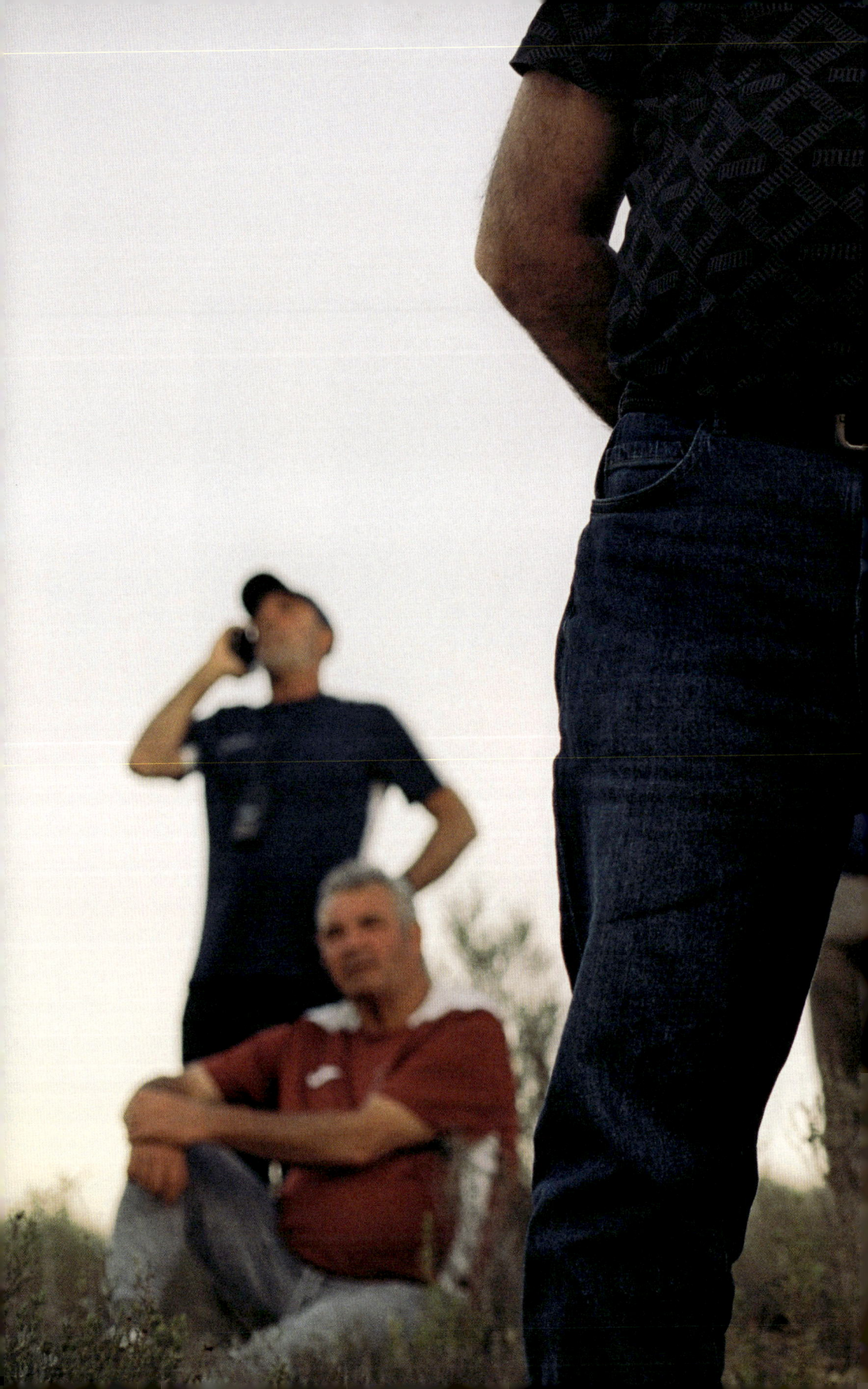

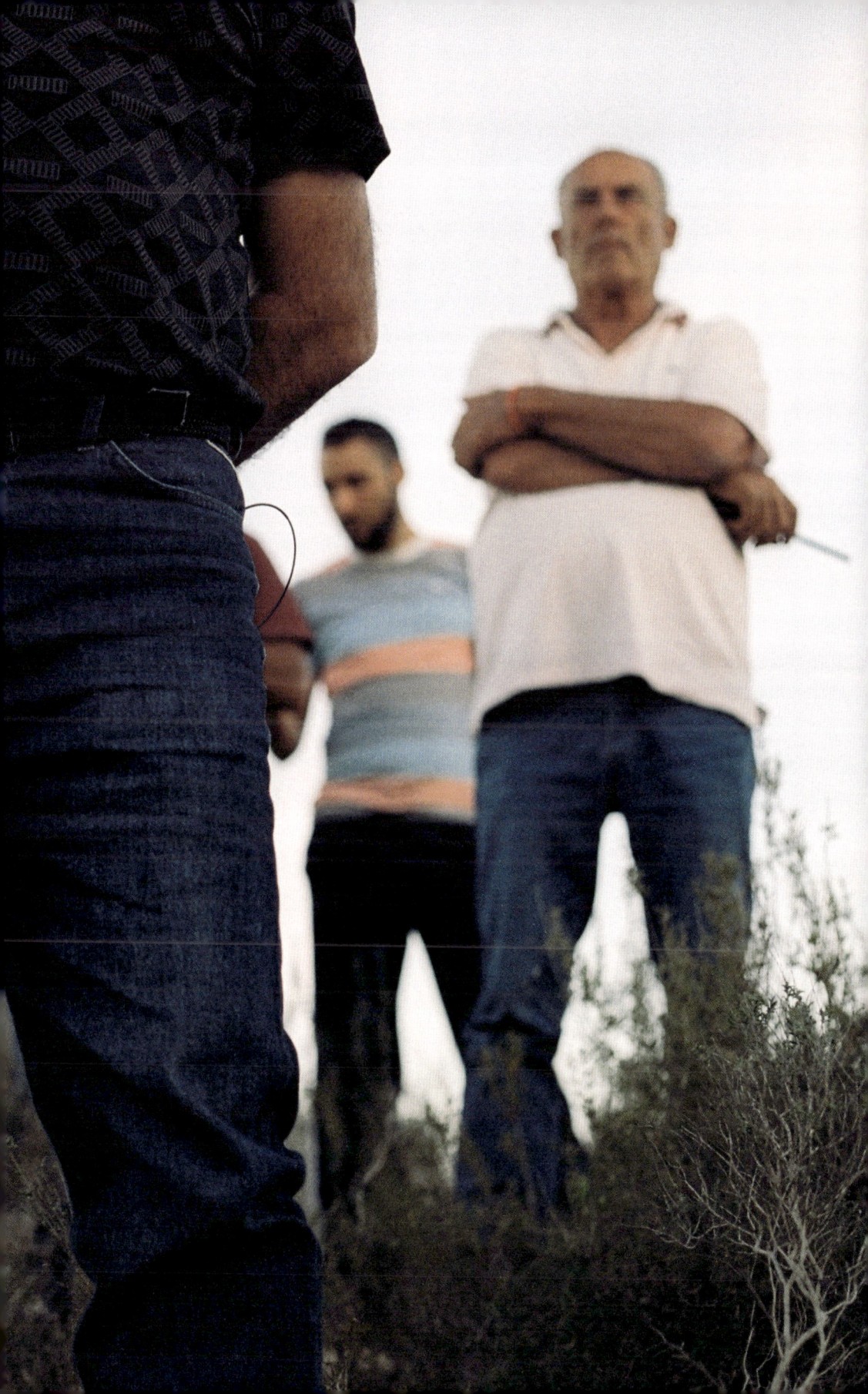

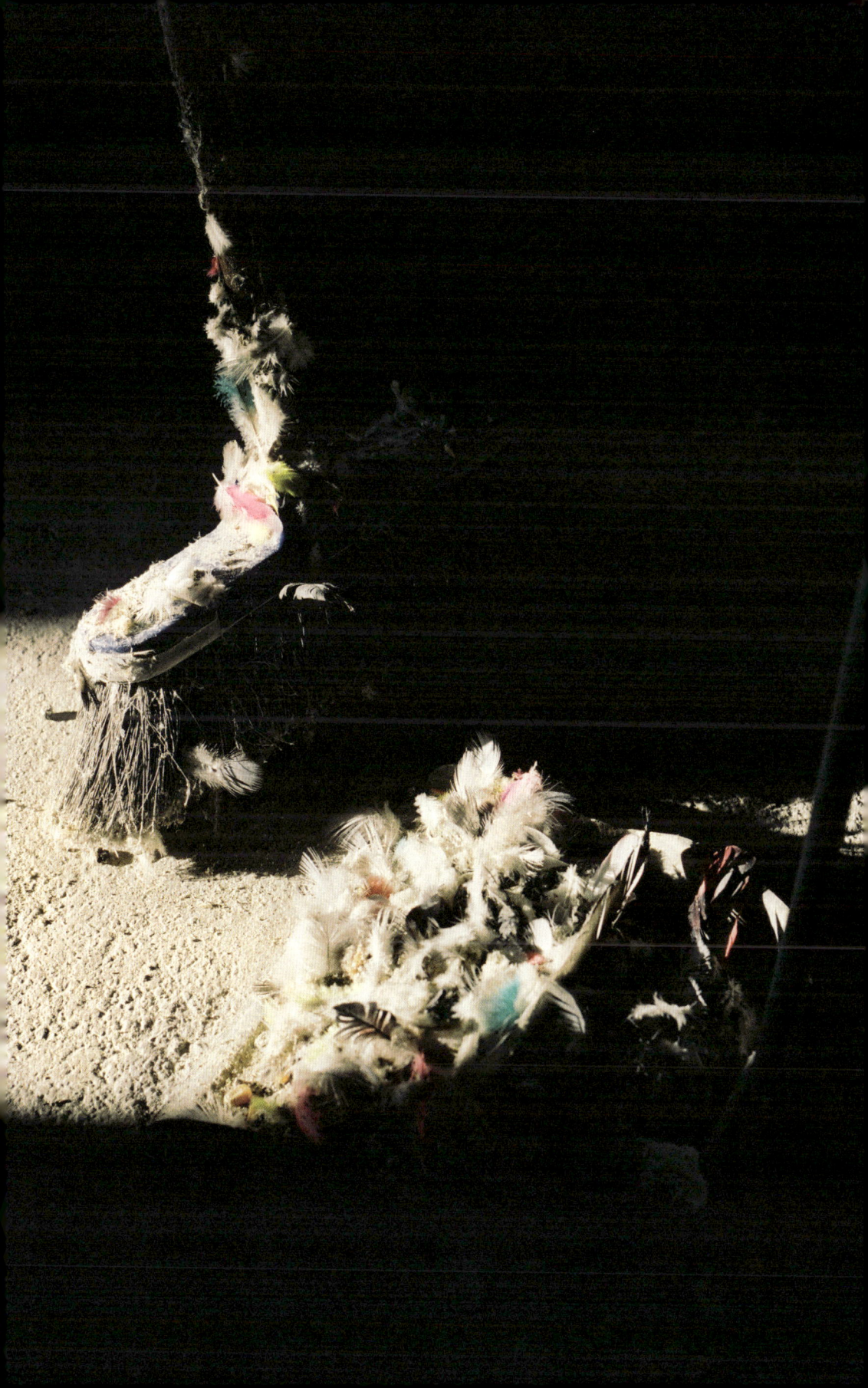

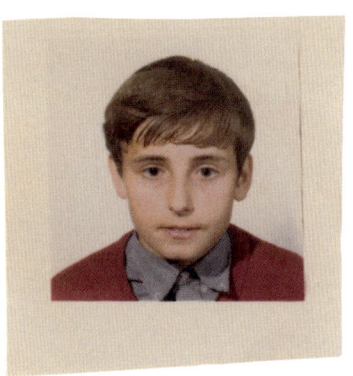

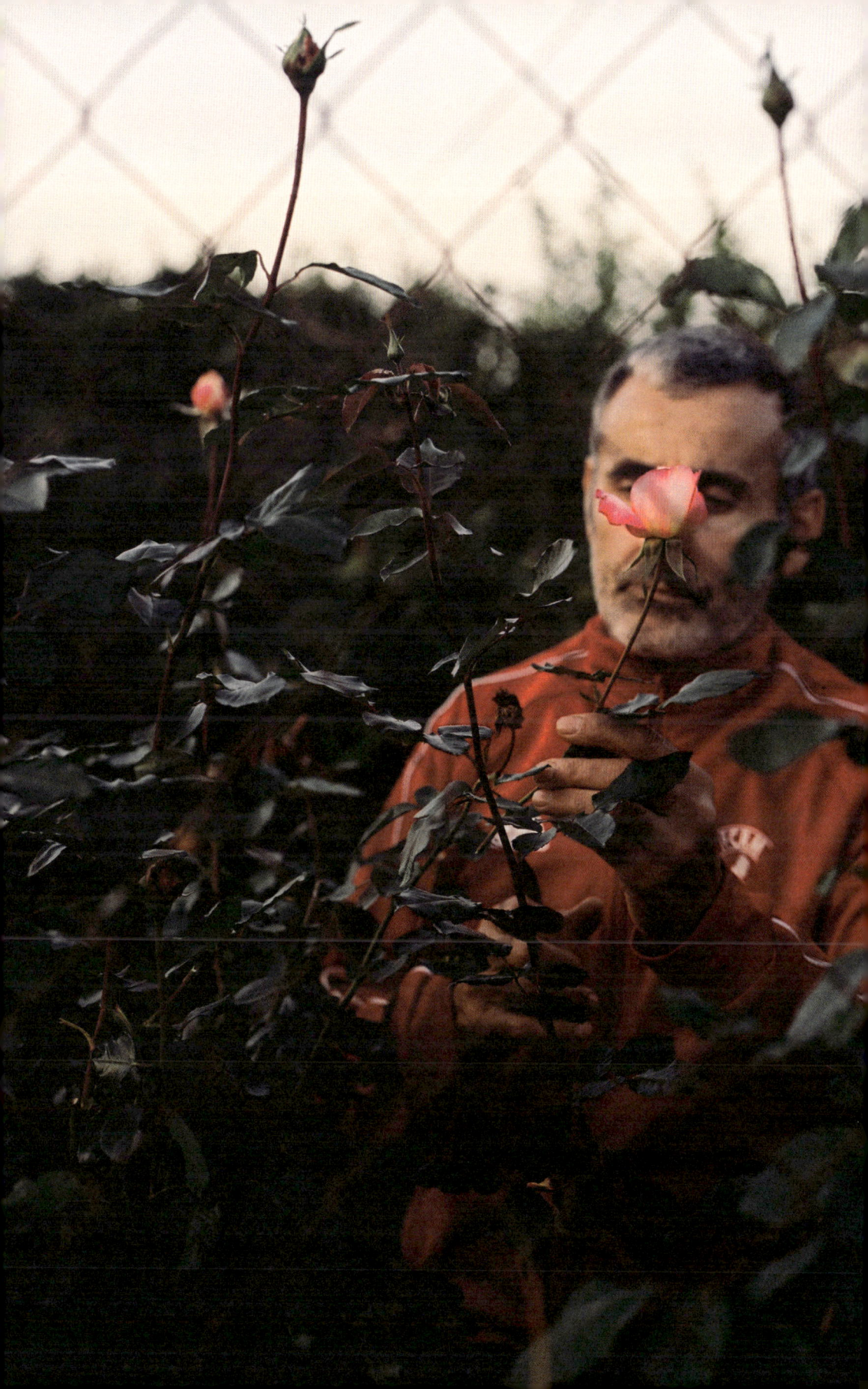

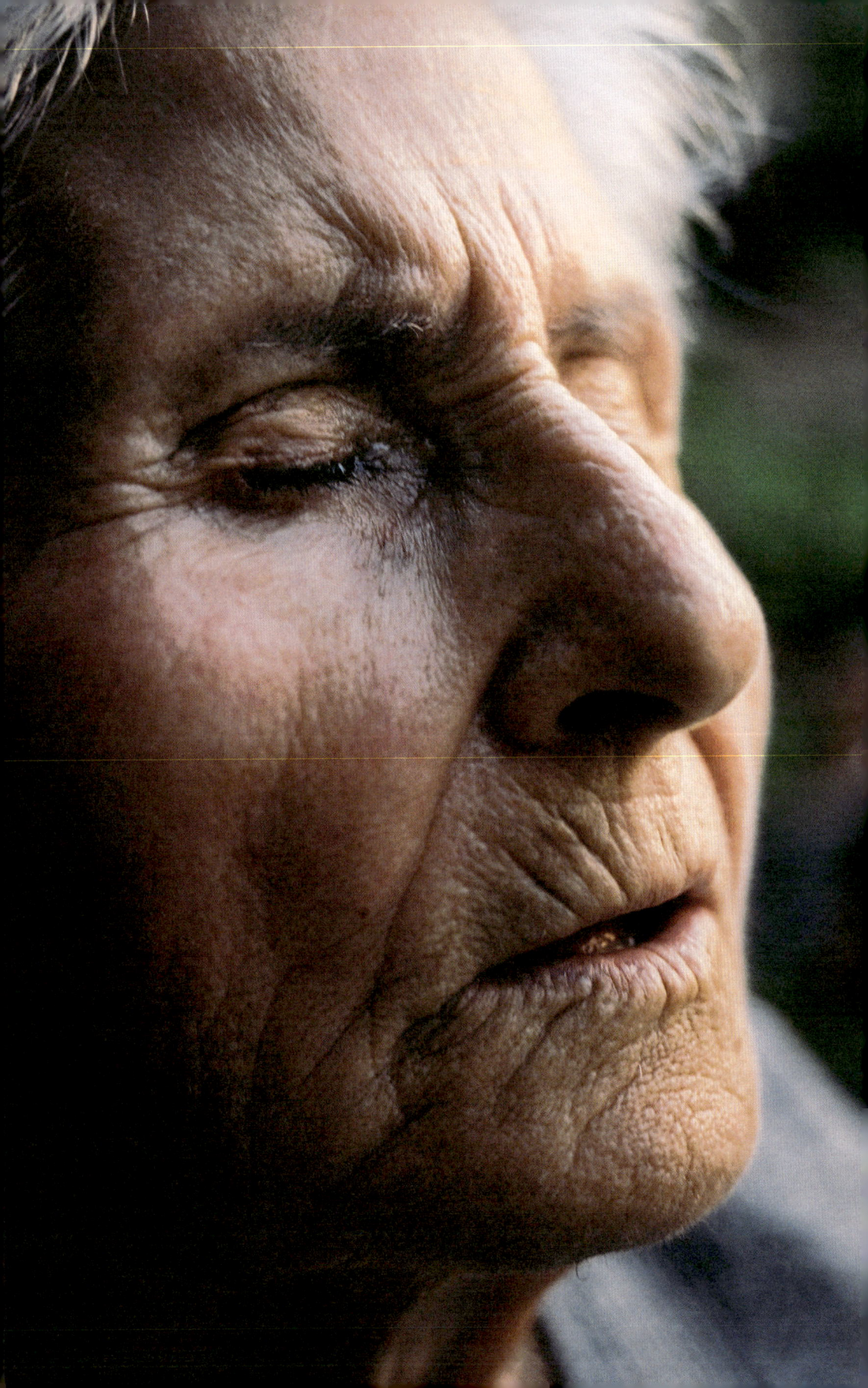

«Mamá, ¿qué hay de comer?»
«Pan, pijo y habas»

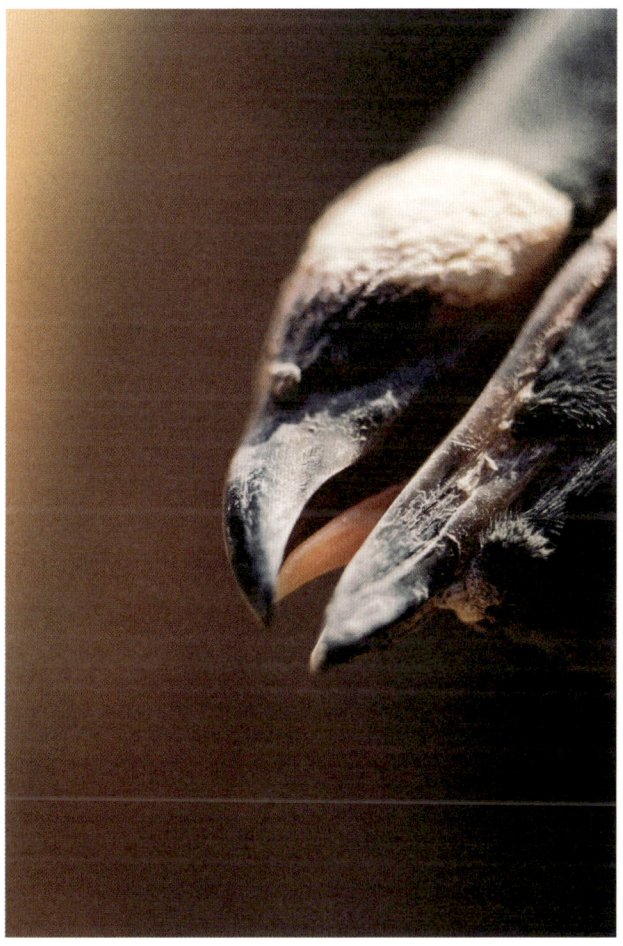

«Mare, què hi ha per dinar?»
«Gresos.»

EXPOSICIÓN / EXPOSICIÓ

Coordinación / Coordinació
Carolina Ciuti

Dirección de montaje e iluminación /
Direcció del muntatge i il·luminació
Pedro Benito Albarrán

Diseño expositivo / Disseny expositiu
laura aranda lavado, Estefania Bedmar, Carolina
Ciuti, Alain Rojas Pastor, Malu Reigal

Diseño de la gráfica / Disseny de la gràfica
gráfica futura

Seguros / Assegurances
MAPFRE Seguros de Empresas
Compañía de Seguros y Reaseguros

CATÁLOGO / CATÀLEG

Coordinación / Coordinació
Carolina Ciuti

Departamento de Publicaciones /
Departament de Publicacions
Raúl González Beneyto

Edición de los textos / Edició dels textos
Mariola Gómez Laínez

Traducciones / Traduccions
Mercè Bolló, Barcelona Kontext (del castellano
al catalán / del castellà al català)

Diseño y maquetación / Disseny i maquetació
gráfica futura

Fotomecánica / Fotomecànica
Lucam

Impresión y encuadernación /
Impressió i enquadernació
Brizzolis

Imágenes de sobrecubierta /
Imatges de sobrecoberta
Malu Reigal, *Pan, pijo y habas*, 2021-en curso / en curs.

Todas las imágenes de esta publicación pertenecen
al proyecto *Pan, pijo y habas* (2021-en curso), que
comprende fotografías analógicas en 35 mm.

Totes les imatges d'aquesta publicació pertanyen
al projecte *Pan, pijo y habas* (2021-en curs), que
comprèn fotografies analògiques en 35 mm.

© de las fotografías / de les fotografies,
Malu Reigal
© de los textos / dels textos,
sus autores / els seus autors

De la presente edición / D'aquesta edició
© 2024, Fundación MAPFRE
Área de Cultura
Paseo de Recoletos, 23. 28004 Madrid
www.fundacionmapfre.org

ISBN: 978-84-9844-877-1
ISBN: 978-84-9844-875-7
DL: M-15940-2024